Inhalt

HÖR MaL! / 3.-4. Schuljahr Hörverstehen trainieren – Bestell-Nr. 11 338

Quellenverzeichnis

HÖR MaL! / 3.-4. Schuljahr
Hörverstehen trainieren – Bestell-Nr. 11 338
KOHL VERLAG

3.-4. Schuljahr

Auditive Wahrnehmung

HÖR MAL!

Hörverstehen trainieren

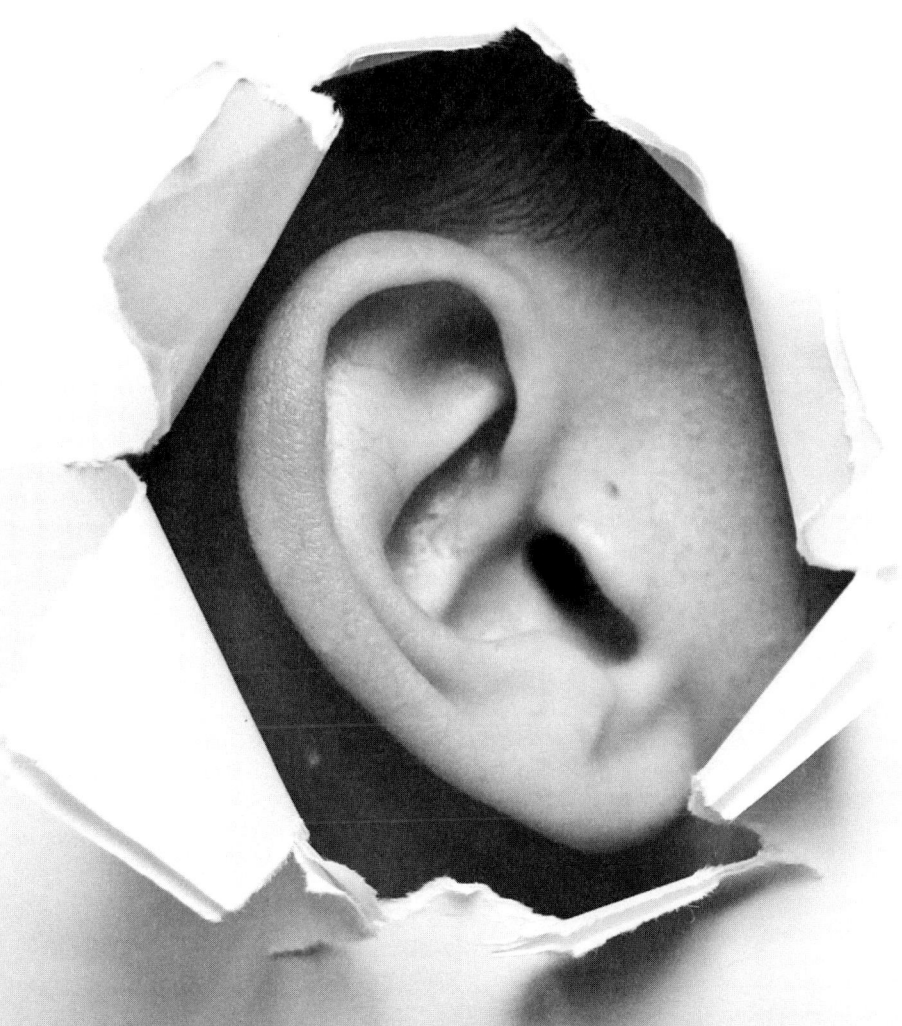

ZUHÖREN

VERARBEITEN

VERSTEHEN

Eine Grundkompetenz für lebenslanges Lernen

Schulung der auditiven Wahrnehmung

Lernen mit Erfolg

KOHL VERLAG

www.kohlverlag.de

Hör mal!
Hörverstehen trainieren   /   3.-4. Schuljahr

7. Auflage 2024

© Kohl-Verlag, Kerpen 2013
Alle Rechte vorbehalten.

<u>Inhalt</u>: Susanne Vogt & Kohl-Redaktion
<u>Illustrationen</u>: Mile Penava
<u>Umschlagbild</u>: © MPower 223 - Fotolia.com
<u>Redaktion für Deutschland</u>: Kohl-Verlag
<u>Grafik & Satz</u>: Kohl-Verlag
<u>Druck</u>: farbo prepress GmbH, Köln

Bestell-Nr. 11 338

ISBN: 978-3-86632-630-9

© der Originalausgabe „Hör mal!" bei
elk Verlag AG, CH-Winterthur 2010, www.elkverlag.ch

Zusatzmaterial zu diesem Titel im Online-Shop erhältlich:

Unter der Rubrik "Zusatzmaterial" auf der Startseite befindet sich ein direkter Link zum Download des Zusatzmaterials zu diesem Band.

Geben Sie beim Download-Vorgang bitte diesen Code ein: **AT3IC81I**

Unsere Lizenzmodelle

Der vorliegende Band ist eine Print-<u>Einzellizenz</u>

Sie wollen unsere Kopiervorlagen auch digital nutzen? Kein Problem – fast das gesamte KOHL-Sortiment ist auch sofort als PDF-Download erhält-lich! Wir haben verschiedene Lizenzmodelle zur Auswahl:

	Print-Version	PDF-Einzellizenz	PDF-Schullizenz	Kombipaket Print & PDF-Einzellizenz	Kombipaket Print & PDF-Schullizenz
Unbefristete Nutzung der Materialien	x	x	x	x	x
Vervielfältigung, Weitergabe und Einsatz der Materialien im eigenen Unterricht	x	x	x	x	x
Nutzung der Materialien durch alle Lehrkräfte des Kollegiums an der lizensierten Schule			x		x
Einstellen des Materials im Intranet oder Schulserver der Institution			x		x

Die erweiterten Lizenzmodelle zu diesem Titel sind jederzeit im Online-Shop unter www.kohlverlag.de erhältlich.

Einführung

WARUM EIN LEHR-MITTEL ZUM THEMA HÖRVERSTEHEN?

Die Lehrpläne betonen die Förderung des Hörverstehens. Die Fähigkeit „Hören" ist seit langem eine der zentralen Bereiche des Deutschunterrichts. Neu ist die Tendenz, die Fähigkeiten im Hören, Sprechen, Lesen und Schreiben einzeln zu fokussieren, zu üben und zu bewerten. Die Kompetenzen der Schülerinnen und Schüler in diesen Bereichen können sehr unterschiedlich sein. Manchmal sind Schülerinnen und Schüler gute (Zu-)Hörerinnen und (Zu-)Hörer, sie drücken sich mündlich auch in Standardsprache sehr differenziert aus; im schriftlichen Ausdrucksvermögen dagegen sind die gleichen Kinder und Jugendlichen manchmal sehr viel schwächer. Es ist daher wichtig, dass die Lehrperson alle vier Bereiche der Sprache erfasst und beurteilt. Nur so wird man dem Leistungsstand der Schülerinnen und Schüler gerecht und kann gezielte Fördermaßnahmen treffen.

ALLGEMEINE LERNZIELE

- Geräusche und Stimmen erkennen, zuordnen, herausfiltern und beurteilen.
- Emotionales Nachempfinden eines Textes, Einfühlen in eine Situation.
- Allgemeine Informationen zu einem Thema heraushören (globales Hören).
- Wichtiges von Unwichtigem unterscheiden; herausfiltern, was zur Lösung einer Aufgabe notwendig ist und was nicht (selektives Hören).
- Auf gehörte Anweisungen richtig handeln und reagieren (detailliertes Hören).

REALE UND REDUZIERTE HÖRSITUATIONEN

Voraussetzung für ein Erreichen dieser Ziele ist ein Angebot von verschiedensten Hörsituationen, die auch unterschiedliche Lernsituationen schaffen.

Das Angebot an Hörbeispielen umfasst Situationen, wie sie auch real vorkommen: Wer im Flugzeug eine Durchsage hört, kann die sprechende Person nicht sehen, sondern nur deren Stimme hören. Daneben werden aber auch Hörsituationen angeboten, die in Realität umfassender sind: Wer zum Beispiel eine Diskussion mitverfolgt, erlebt nicht nur die Stimmen der Teilnehmenden, sondern nimmt auch ihre Mimik, ihre Gestik, ihre Emotionen auf visuelle Art wahr. Trotzdem eignen sich auch solche reduzierten Situationen für ein Hörtraining, indem bewusst eine Einschränkung auf nur einen Informationskanal stattfindet.

BEISPIELE VON HÖRSITUATIONEN

- Geräusche
- Informationen
- Hörspiele
- Sachtexte
- Geschichten
- Fabeln
- Rätsel, Witze
- Gedichte, Lieder
- Märchen

HÖR MaL! / 3.-4. Schuljahr
Hörverstehen trainieren – Bestell-Nr. 11 338

KOHL VERLAG
Lernen mit Erfolg

Einführung

UNTERSCHIEDLICHE SCHWIERIGKEITS- GRADE

Die Hörbeispiele sind bewusst so gewählt, dass sie unterschiedliche Schwierigkeitsgrade aufweisen. Es gibt Kinder, die Spaß daran haben, knifflige Informationen aus dem Kontext herauszufinden; es gibt aber auch Kinder, die darauf angewiesen sind, dass bestimmte (vor allem schwierige) Wörter vor dem ersten Anhören der Tracks von der Lehrperson erklärt werden. Es hilft ihnen, dass sie schon einmal wissen, worum es ungefähr geht.

AUDIOFILES

Die Tondokumente der Audiofiles können überall abgespielt werden. Gerade Aufgaben, bei denen man einzelne Sequenzen mehrmals hören muss, sind für die Arbeit am Computer geeignet. So lassen sich einzelne Stellen suchen, finden und beliebig oft wiederholen.

AUFBAU EINER EINHEIT

Die Unterrichtsmaterialien sind so aufgebaut, dass eine Einheit mit Hinweisen für die Lehrperson beginnt: Inhalte und Ziele werden genannt, Aufträge formuliert, Vorschläge zur Durchführung und Weiterführung gegeben. Es folgen die Kopiervorlagen mit Aufgaben zum Verständnis der Hörsituation und zum Vertiefen des Inhalts.

MÜNDLICHKEIT

Die Auseinandersetzung mit Hörsituationen ist immer auch ein Lehrstück über das Sprechen. Hören und Sprechen sind die Gegenpole der Kommunikation. Sie bedingen sich in vielen Fällen gegenseitig. Darum kann man beim Zuhören auch Entscheidendes für das Sprechen und Selber-Kommunizieren erfahren.

HINWEIS

Das vorliegende Lehrmittel versteht sich nicht als Kopiermaterial für unvorbereitete Tests mit Benotung. Vielmehr ist es eine Ideensammlung mit Übungsmaterial, das vielseitig eingesetzt werden kann.
Sie finden im Kohl-Verlag noch weitere Werke zum Hörverstehen: Zum Beispiel „Ohren auf! Hörverstehen im 3.-4. Schuljahr *(Kohl-Verlag, Bestell-Nr. 11 164)*.

Das Redaktionsteam des Kohl-Verlags wünscht Ihnen und Ihren Schülerinnen und Schülern gutes Gelingen!

HÖR MaLI / 3.-4. Schuljahr
Hörverstehen trainieren – Bestell-Nr. 11 338
KOHL VERLAG

1 Aufgaben ohne Audiofiles

Welche Frage gehört zur Antwort?

AUFGABE OHNE AUDIOFILE
Lehrperson oder Schülerinnen und Schüler lesen selber vor.

ZUM INHALT
Passende Fragen zu Antworten finden.

LERNZIELE
Detailliertes Hören und genaues Zuordnen, Zusammenhänge erkennen, Situationen verstehen und interpretieren.

DURCHFÜHRUNG
Die Kinder zerschneiden die Fragekärtchen (Arbeitsblatt A). Sie erhalten so 12 verschiedene Fragen. Die Lehrperson oder ein Kind liest jeweils eine Antwort.
Welche Frage passt?
Die Kinder zeigen ihr ausgewähltes Fragekärtchen.

VARIANTE DURCHFÜHRUNG
Partnerarbeit: Kind A hat das Arbeitsblatt mit den Antworten. Es liest eine Antwort. Kind B hat wieder die zerschnittenen Fragekärtchen vor sich. Welche Frage passt? Kind B entscheidet und liest vor.
Sind beide Kinder mit der Kombination Frage-Antwort einverstanden, legen sie das Fragekärtchen auf die Antwort (wie im Lotto). Kind A liest die nächste Antwort.

WEITERFÜHRUNG
Arbeitsblatt C
Mündlich: Die Lehrperson liest die Antworten. Welche Fragen könnten dazu passen?
Schriftlich: Die Kinder schreiben Fragen zu den Antworten.

Die Schülerinnen und Schüler stellen eigene Frage- und Antwortkärtchen her.

Spaß macht es den Kindern auch, Fragen und Antworten willkürlich zusammenzusetzen. Das gibt lustige Kombinationen und fördert die Lesefertigkeit.

HÖR MaL! / 3.-4. Schuljahr
Hörverstehen trainieren – Bestell-Nr. 11 338

KOHL VERLAG

Welche Frage gehört zur Antwort?   –   Arbeitsblatt A

Wie alt bist du?

Wo wohnst du?

Wo bist du jetzt?

Hast du
Geschwister?

Spielst du ein
Musikinstrument?

Welche Musik
magst du?

Wo bist du am
liebsten?

Was hast du
gegessen?

Magst du Reis?

Was habt ihr
letzten Sonntag
gemacht?

Warum warst du
gestern nicht in
der Schule?

Welches ist dein
Lieblingstier?

HÖR MaL! / 3.-4. Schuljahr
Hörverstehen trainieren – Bestell-Nr. 11 338

KOHL VERLAG

Welche Frage gehört zur Antwort?   –   Arbeitsblatt B

Ich werde am 22. April zehn Jahre alt.

Wir wohnen in einem Mehrfamilienhaus in der Nähe des Bahnhofs.

Ich bin im Zug und komme um halb fünf an.

Ja, ich habe einen älteren Bruder.

Nein, noch nicht, aber ich möchte Saxophon lernen.

Ich mag Popmusik und Rapsongs.

Ich bin gerne in unserer Baumhütte. Dort kann ich spielen und lesen.

Zum Mittagessen gab es Fleischkäse, Bratkartoffeln und Salat.

Nicht so sehr, ich mag lieber Spaghetti.

Wir waren mit den Großeltern im Zoo.

Ich hatte Fieber und Halsschmerzen.

Tiger und andere Raubkatzen finde ich faszinierend.

HÖR MaL! / 3.-4. Schuljahr
Hörverstehen trainieren – Bestell-Nr. 11 338

Welche Frage gehört zur Antwort? – Arbeitsblatt C

Du liest die Antworten. Schreibe eine passende Frage dazu.
F: = Frage, A: = Antwort

F: _____

A: Wir waren auf einem Campingplatz am Meer.

F: _____

A: Ich habe getaucht und geschnorchelt. Und wir haben riesige Sandburgen gebaut.

F: _____

A: Wir sind am Samstagabend in Hamburg gelandet.

F: _____

A: Es war sonnig, aber windig. Am Abend habe ich manchmal gefroren.

F: _____

A: Am nächsten Montag. Ich komme in die vierte Klasse.

F: _____

A: Ich habe mir beim Fußballturnier den Fuß verstaucht.

F: _____

A: Nein, sie haben mich beim Sanitätsposten verarztet.

F: _____

A: Nein danke, das mag ich nicht.

F: _____

A: Super, da freue ich mich drauf.

HÖR MaL! / 3.-4. Schuljahr
Hörverstehen trainieren – Bestell-Nr. 11 338

KOHL VERLAG

Wer ist der Dieb?

AUFGABE OHNE AUDIOFILE ZUM INHALT	Die Lehrperson liest vor. Arbeit mit der ganzen Klasse.

Männergesichter werden mit verschiedenen Attributen ausgestaltet. Die Raumlage wird genau definiert. Die Anweisungen sind fortlaufend zeichnerisch umzusetzen.

Im zweiten Teil wird aus genau diesen Gesichtern der Dieb ermittelt.

LERNZIELE

Zeichnerisches Umsetzen des Gehörten, Überprüfung und Kontrolle. Detailliertes Hören und Zuordnen.

ANWEISUNGEN ARBEITSBLATT A

Du siehst neun Männerköpfe. Es fehlt noch vieles. Höre gut zu und ergänze die Bilder richtig. Arbeite mit Farbstiften.

1. Der Mann oben in der Mitte trägt eine Brille und einen Schnurrbart. Sein T-Shirt ist blau und hat einen blau-weiß gestreiften Kragen.
2. Der Mann unten rechts trägt eine Mütze und er hat einen Bart. Er trägt einen kleinen Ohrring.
3. Der Mann in der mittleren Reihe links trägt eine Brille und er hat eine Narbe am Kinn.
4. Der Mann oben rechts hat blonde Haare und er trägt ein grün-rot gestreiftes T-Shirt.
5. Der Mann in der Mitte hat eine Tätowierung am Hals. Er trägt einen Schnurrbart und sein T-Shirt hat blau-rote Streifen.
6. Der Mann unten in der Mitte hat blonde Haare und sein T-Shirt ist grün. Er trägt einen Ohrring.
7. Der Mann in der mittleren Reihe rechts trägt eine Sonnenbrille. Er hat schwarzes Haar und eine Narbe auf der Stirn.
8. Der Mann unten links hat rötliche Haare. Er trägt einen Stoppelbart und hat eine Narbe auf einer Wange.
9. Der Mann oben links trägt ein Piercing in der Nase. Sein T-Shirt ist orange-gelb gestreift.

<u>Zweiter Durchgang</u>: Überprüfe, ob du alles richtig gezeichnet hast.

WER IST DER DIEB?

<u>Es gibt Zeugen und alle erinnern sich an etwas:</u>

Der Dieb trug keine Brille.
Nein, einen Bart hatte er sicher nicht.
Ich kann mich an keinen Schnurrbart erinnern.
Ich habe blonde Haare gesehen.
Der Dieb trug nichts, was Streifen hatte.

HÖR MaL! / 3.-4. Schuljahr
Hörverstehen trainieren – Bestell-Nr. 11 338
KOHL VERLAG

Wer ist der Dieb?

Die Männer sind zum Verwechseln ähnlich. Und doch hat jeder seine Besonderheiten.
Höre und zeichne.

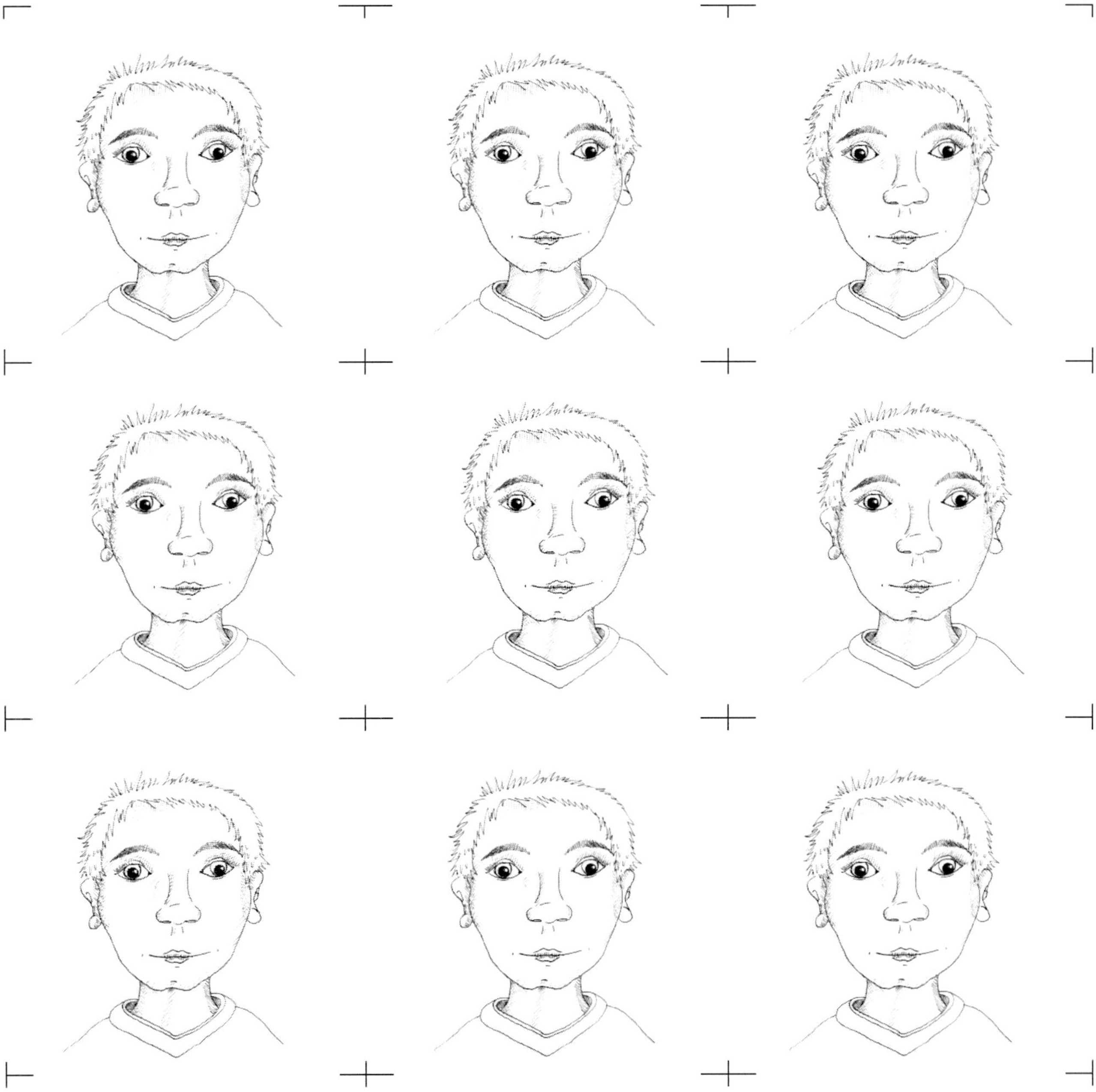

Aufgabe 2:

Polizist Dinkelmoser sucht einen Dieb. Dieser hat in der Metzgerei eine Wurst gestohlen.
Es gibt viele Zeugen und alle haben sich an etwas erinnert.

*Höre gut zu, schau dir die Verdächtigen an und streiche diejenigen weg, die nicht in
Frage kommen. Wer ist der Dieb?*

HÖR MaL! / 3.-4. Schuljahr — Bestell-Nr. 11 338
Hörverstehen trainieren
Lernen mit Erfolg
KOHL VERLAG

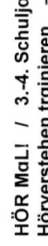

2 Geräusche

Geräusche I

TRACK 1-4   Gesamtdauer: 15:41

Die Kinder unterscheiden aus 2 Geräuschquellen.
Track 1: Geräusche 1A (3:07)
Track 2: Geräusche 1B (4:56)

Die Kinder unterscheiden aus 3 Geräuschquellen.
Track 3: Geräusche 2A (3:52)
Track 4: Geräusche 2B (3:46)

ZUM INHALT   Gleichartige Geräusche in Länge, Lautstärke, Tonlage, Tempo und Entfernung auseinander halten können.

LERNZIELE   Detailliertes Hören und genaues Zuordnen.

DURCHFÜHRUNG   Die Kinder erhalten jeweils das Arbeitsblatt (evtl. ins Format DINA5 zerschnitten). Sie lesen die Fragen einmal durch, hören dann die Geräusche und versuchen die Kreuze im ersten, evtl. im zweiten Hördurchgang zu setzen.

VARIANTE DURCHFÜHRUNG   Die Lehrperson stellt die Fragen mündlich, die Kinder konzentrieren sich nur aufs Zuhören.

ANWEISUNG   Gemäß Arbeitsblätter.

WEITERFÜHRUNG   Soundwalks
Ziel eines Soundwalks ist es, in der eigenen vertrauten Umgebung bewusst hinzuhören. Die Kinder begeben sich auf einen Spaziergang (in der Stadt, im Zoo, im Wald, im Industriegebiet) und versuchen Geräusche nach folgenden Kriterien herauszufiltern:

- 3 Geräusche von unten/oben.
- 3 Geräusche, die mit mir mitgingen/an mir vorbeigingen.
- Das leiseste/lauteste Geräusch.
- Ein leises Geräusch, das von einem lauten übertönt wurde.
- 3 Geräusche mit hoher Tonlage/mit tiefer Tonlage.
- Das Geräusch, das am weitesten entfernt war. Schätze, wie weit.
- Das für mich schönste/hässlichste Geräusch.
- Dieses Geräusch hätte ich gerne gehört.

HÖR MaL! / 3.-4. Schuljahr   Hörverstehen trainieren   –   Bestell-Nr. 11 338

KOHL VERLAG

2 **Geräusche**

Geräusche I

2 Töne

Lies die Frage. Du hörst jeweils 2 Geräusche.
Mach ein Kreuz in das passende Kästchen.

A

	Ton 1	Ton 2
Welcher Ton ist höher?		
Wer jubelt lauter?		
Wer geht schneller?		
Welches Herz schlägt schneller?		
Wo regnet es weniger stark?		
Wer schreibt schneller auf der Computertastatur?		
Welcher Storch klappert länger?		
Welcher Wasserhahn tropft weniger schnell?		

B

	Ton 1	Ton 2
Welcher Bach führt weniger Wasser?		
Wo zwitschern mehr Vögel?		
Welches Postauto ist näher bei uns?		
Welcher Specht ist weiter weg?		
Welcher Hahn kräht näher bei uns?		
Welche Kirchenglocken sind weiter weg?		
Welcher Traktor fährt auf uns zu?		
Welches Flugzeug startet?		
Welcher Helikopter landet?		

HÖR MaL! / 3.-4. Schuljahr
Hörverstehen trainieren – Bestell-Nr. 11 338
KOHL VERLAG

Geräusche II

3 Töne

Lies die Frage. Du hörst jeweils 3 Geräusche.
Mach ein Kreuz in das passende Kästchen.

A	Ton 1	Ton 2	Ton 3
Welches ist der tiefste Ton?			
Welcher Applaus ist am stärksten?			
Wer pfeift am längsten?			
Wo hörst du die meisten verschiedenen Tiere?			
Welches Pferd ist am schnellsten?			
Welches Gewitter ist am weitesten weg?			
Welche Schulglocke läutet am längsten?			
Welches Geräusch klingt für dich am härtesten?			

B	Ton 1	Ton 2	Ton 3
Wer pfeift am kürzesten?			
Welcher Applaus ist am schwächsten?			
Welches ist der höchste Ton?			
Wo hörst du die wenigsten verschiedenen Tiere?			
Welches Pferd ist am langsamsten?			
Welches Gewitter ist ganz nah?			
Welche Schulglocke läutet am kürzesten?			
Welches Geräusch klingt für dich am wärmsten?			

HÖR MaL! / 3.-4. Schuljahr
Hörverstehen trainieren – Bestell-Nr. 11 338

KOHL VERLAG

Im Flugzeug

TRACK 5   Gesamtdauer: 1:34

ZUM INHALT   Begrüßung und Informationen des Flugkapitäns kurz vor dem Abflug.

LERNZIELE   Detailliertes Hören, Informationen herausfiltern.

DURCHFÜHRUNG   Gespräche übers Fliegen:

Wer hat Erfahrungen mit dem Fliegen?
Wie waren die Eindrücke?
Wie stellt sich jemand, der noch nie geflogen ist, einen Flug vor?

Die Kinder hören die Durchsage des Flugkapitäns zweimal. Aufkommende Fragen werden zuerst beantwortet.

Arbeitsblatt A: Die Kinder müssen sich an das Gehörte erinnern.
Arbeitsblatt B: Die Sätze müssen mit den richtigen Antworten ergänzt werden.

Zum Vervollständigen der Arbeitsblätter oder zur Überprüfung wird der Text noch einmal abgespielt.

Arbeitsblatt C: Hier werden Elemente der englischen Sprache eingebaut. Es eignet sich je nach Vorbildung der Schüler für den Bereich Englisch in der Grundschule.

HÖR MaL! / 3.-4. Schuljahr
Hörverstehen trainieren — Bestell-Nr. 11 338

KOHL VERLAG

Im Flugzeug – Arbeitsblatt A

Bist du schon einmal geflogen? Die Pilotin oder der Pilot informieren die Passagiere.

Welche Sätze hast du gehört? Kreuze an.

Guten Tag, liebe Kinder.

Hier spricht Ihr Flugkapitän Jakob Schmid.

Ich heiße Sie im Namen von Lufthansa herzlich willkommen.

Die Besatzung von Swiss wird in London zusteigen.

Sie befinden sich an Bord des Airbusses 320, Richtung London.

Es ist 12 Uhr.

Wir sind auf der Startpiste.

Der Flug dauert etwa 75 Minuten.

In wenigen Minuten können wir landen.

Unsere Reiseflughöhe ist weniger als 100 Meter.

Es ist klares Wetter.

Sie werden die Städte Basel, Paris und Calais sehen können.

Nach der Überquerung des Beinelkanals landen wir in London.

Das Wetter in London: Es ist regnerisch bei minus zwei Grad.

Flugkapitän Jakob Schmid und seine Crew wünschen Ihnen einen angenehmen Flug.

HÖR MaL! / 3.-4. Schuljahr
Hörverstehen trainieren – Bestell-Nr. 11 338

Lernen mit Erfolg
KOHL VERLAG

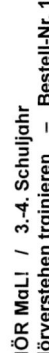

Im Flugzeug – Arbeitsblatt B

Bist du schon einmal geflogen? Die Pilotin oder der Pilot informiert die Passagiere.

Was weißt du noch? Ergänze die Sätze.

Der Flugkapitän heißt _____.

Er arbeitet bei der Fluggesellschaft _____.

Das Flugzeug ist kurz vor dem _____.

Der Flugzeugtyp heißt _____.

Der Flug geht nach _____.

Wie spät ist es jetzt? _____

Wie lange dauert der Flug? _____

Die Reisehöhe ist über _____ Meter.

Wie ist das Wetter in London? _____

Schreibe eine Stadt auf, welche die Passagiere sehen können? _____

Was wird zwischen Frankreich und England überquert? _____

Um 18 Uhr startet das Flugzeug, um 18.20 Lokalzeit landet es in England. Da stimmt doch etwas nicht? Erkläre.

_____

_____

Das Team, das das Flugzeug begleitet, heißt hier _____

oder _____.

Hast du bemerkt, dass der Flugkapitän am Anfang der Ansagen einen Fehler macht? Korrekt sollte er sagen: _____

HÖR MaL! / 3.-4. Schuljahr
Hörverstehen trainieren – Bestell-Nr. 11 338

KOHL VERLAG

Im Flugzeug – Arbeitsblatt C

1. Bist du schon einmal geflogen? Die Pilotin oder der Pilot informiert die Passagiere. Welche Sätze hast du gehört? Kreuze an.

a) Hello, how are you? ☐

b) This is captain Jakob Schmid speaking. ☐

c) Welcome on board of the Airbus number 320. ☐

d) What's your name? ☐

e) We are flying to Chinatown. ☐

f) Good morning ladies and gentlemen. ☐

g) Our flight takes 75 minutes. ☐

h) The weather is sunny. ☐

2. Welches Wort gehört in die Lücke? Kreuze an und schreibe es in die Lücke.

a) Good _____ ladies and gentlemen.

☐ night

☐ day

☐ morning

b) It's 6 pm and our departure will be in 2 _____ .

☐ seconds

☐ hours

☐ minutes

c) The _____ is clear.

☐ sun

☐ weather

☐ flight

HÖR MaL! / 3.-4. Schuljahr Hörverstehen trainieren – Bestell-Nr. 11 338

KOHL VERLAG

Wer klopft denn da?

TRACK 6

Gesamtdauer: 2:14
Ausschnitt aus der CD: „Wir entdecken den Wald" aus der Reihe Wieso? Weshalb? Warum?
© Jumbo neue Medien und Ravensburger Buchverlag

ZUM INHALT

Sonja und die Kinder Matti und Luisa sind im Wald auf Entdeckungstour. Sie hören den Trommelwirbel eines Spechtes.
Sie fragen nach und erhalten im Gespräch Informationen zum Specht.

LERNZIELE

Detailliertes Hören, Informationen herausfiltern.

DURCHFÜHRUNG

Ohne große Einführung hören die Kinder zu.
Dann kann ein Gespräch stattfinden über Waldbesuche im Allgemeinen und den Specht im Besonderen. Was wissen die Kinder bereits, was ist neu für sie?
Nach nochmaligem Hören von „Wer klopft denn da?" lösen die Kinder Arbeitsblatt A oder B.
Überprüfen durch erneutes Zuhören.

INFORMATIONEN ZUM SPECHT

Merkmale: Spechte sind Vögel mit starkem, geradem, kantigem Meißelschnabel, der fast so lang wie der Kopf ist. Der Schädel hat eine federnde Verbindung zwischen Schnabel und Hirnschädel; so werden die Erschütterungen beim Klopfen gedämpft. Die dünne, platte und hornige Zunge kann der Specht weit herausstrecken. Sie
hat kurze Widerhaken am Ende. Bei den echten Spechten ist der Schwanz keilförmig mit steifen, spitzen Steuerfedern. Er dient als Stütze, wenn der Vogel an den Baumstämmen hochklettert.

Verhalten: Mit Ausdauer und großem Kraftaufwand klopfen die Spechte mit ihrem Schnabel gegen Baumstämme. Sie „zerspanen" dabei das Holz um Futter zu finden, Nisthöhlen zu zimmern, ihr Revier zu markieren oder Geschlechtspartner anzuziehen. Die meisten Arten ernähren sich von Insekten, die sie in oder unter der Baumrinde oder im morschen Holz finden. Dazu klettern sie an den Bäumen aufwärts und suchen nach hohlen Stellen.

Fortpflanzung: Spechte sind Höhlenbrüter. Sie zimmern die Bruthöhlen meist selbst. Die Höhlen sind nur mit einigen Holzspänen ausgekleidet. Die Spechte legen 3–8 weiße Eier, welche von beiden Elterntieren ausgebrütet werden. Die Nestlinge werden dann sofort mit Futter versorgt. Die Jungvögel bleiben einige Zeit in der Höhle; man bezeichnet sie auch als Nesthocker. Wenn sie flügge sind, werden sie von den Eltern aus der Nesthöhle vertrieben.

HÖR MaL! / 3.-4. Schuljahr
Hörverstehen trainieren – Bestell-Nr. 11 338

Wer klopft denn da? – Arbeitsblatt A

Sonja und die Kinder Matti und Luisa sind im Wald auf Entdeckungstour.
Kreuze alle richtigen Antworten an.

Wer klopft denn da? Welchen Vogel hören die Kinder?

- ☐ Grünspecht
- ☐ Buntspecht
- ☐ Eichelhäher

Warum fällt der Specht nicht hinunter?

- ☐ Er hält sich mit seinen spitzen gebogenen Krallen fest.
- ☐ Er stützt sich mit seinen starken Schwanzfedern ab.
- ☐ Er hat eine Art Saugnäpfe an den Füßen.

Was kann der Trommelwirbel eines Spechtes bedeuten?

- ☐ Das ist mein Revier, hier hast du nichts zu suchen.
- ☐ So leite ich Nachrichten weiter.
- ☐ Ich suche eine Partnerin.

Wo leben Spechte?

- ☐ Sie picken Höhlen in alte, morsche Bäume.
- ☐ Sie leben zusammen mit Fledermäusen.
- ☐ Sie bauen sich ein Nest in hohen Baumwipfeln.

Wie holt der Specht seine Nahrung? Beschreibe.

_____

_____

Was ist Totholz?

_____

Welche Hintergrundgeräusche hast du während des Gesprächs gehört?

_____

Zusatzaufgabe:
Suche Bilder und Informationen über den Buntspecht. Benutze dafür Tierbücher,
Lexikon und Internet. Gestalte eine Seite oder ein Plakat.

HÖR MaL! / 3.-4. Schuljahr
Hörverstehen trainieren – Bestell-Nr. 11 338
Lernen mit Erfolg
KOHL VERLAG

Wer klopft denn da? – Arbeitsblatt B

Da stimmt doch etwas nicht. Schreibe die Sätze richtig.

Der blaugrüne Vogel mit den roten Flecken ist ein Rotspecht.

_____

_____

Er hackt Löcher in die Hausmauer und holt mit seinen langen klebrigen Füßen Käfer und Larven heraus.

_____

_____

_____

Mit seinem weichen Schnabel kann er auch Schulzimmer in den Stamm picken.

_____

_____

Er sucht sich das harte Holz von absterbenden Blumen aus.

_____

_____

Spechte zimmern die Schulzimmer gemeinsam. Sie streiten und brüten darin.

_____

_____

In die verlassenen Spechthöhlen ziehen Dachse und andere Menschen ein.

_____

_____

HÖR MaL! / 3.-4. Schuljahr
Hörverstehen trainieren – Bestell-Nr. 11 338

KOHL VERLAG

Vor Eichen sollst du weichen, Buchen sollst du suchen

TRACK 7 Gesamtdauer: 1:46

ZUM INHALT Informationen zum Verhalten bei Gewittern.
Das Sprichwort: „Vor Eichen sollst du weichen, Buchen sollst du suchen" hält nicht stand; im Gegenteil, es ist sogar gefährlich, sich bei Gewittern danach zu richten.

LERNZIELE Detailliertes Hören, Informationen herausfiltern.

DURCHFÜHRUNG Die Kinder hören den Sachtext und sprechen über das Verhalten bei Gewittern.
Ebenso kann das Thema „Sprichwörter" thematisiert werden.

Die Kinder hören den Text und können Fragen stellen. Vielleicht muss nochmals erklärt werden, was passiert, wenn man unter einem Baum steht, der vom Blitz getroffen wird (der Blitz fährt über den Baum in den Boden und dann erst in den Menschen).

Arbeitsblatt A: Haben die Kinder die Aussagen richtig verstanden? Die Wiederholungen im Text sind Absicht – die Kinder müssen sich wirklich einprägen, dass sie bei einem Gewitter nicht unter Bäumen Schutz suchen.

Arbeitsblatt B: Vertiefung und Erweiterung über das Verhalten bei Gewittern.

VORARBEIT Volksmund = (mündliche Überlieferungen von z. B. Erzählungen, Liedern, Sprichwörtern und Kinderreimen)
Fichten = Rottannen

WEITERFÜHRUNG Gedicht „Gewitter" von Josef Guggenmos

HÖR MaLl / 3.-4. Schuljahr
Hörverstehen trainieren – Bestell-Nr. 11 338

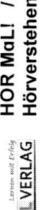

KOHL VERLAG

Vor Eichen sollst du weichen,
Buchen sollst du suchen – Arbeitsblatt A

Nur bei den richtigen Aussagen malst du die Wolke an.
Schreibe die falschen Aussagen so, dass sie richtig sind. Schreibe in dein Heft.

Baum ist Baum bei Gewitter, es gibt keine Unterschiede bei Blitzgefahr.

Gewässer, Aussichtstürme, Berggipfel und Masten sind keine gefährlichen Orte.

Der Blitz sucht sich oft die tiefste Stelle.

Halte dich bei Gewittern von allen Bäumen fern.

Richtig sind alle Regeln, die von Bäumen als Schutz vor Gewitter abraten.

Eichen werden viel häufiger vom Blitz getroffen, das sieht man an den Brandspuren.

Auch in Buchen schlagen Blitze ein. Also: Buchen sollst du ja nicht suchen!

Die glatte Buchenrinde leitet den Blitz direkt in den Boden, ohne dass sichtbare Schäden entstehen. Das ist aber für jemanden, der darunter steht, genau so gefährlich.

Der Blitz fährt über den Baum in den Boden und dann in den Menschen.

Suche nie unter einem Baum Schutz vor dem Gewitter.

Wenn ein Gewitter naht, suche Schutz in einem Gebäude oder im Auto. Das ist am sichersten.

Bist du draußen, gehe aufs freie Feld und suche eine möglichst tiefe Stelle.

Setze dich hin oder gehe in die Hocke.
Lasse die Füße zusammen,
so bietest du dem Blitz die kleinste Angriffsfläche.

Was macht dir Angst bei Gewittern?

_____

_____

_____

HÖR MaL! / 3.-4. Schuljahr
Hörverstehen trainieren – Bestell-Nr. 11 338
KOHL VERLAG

Vor Eichen sollst du weichen,
Buchen sollst du suchen   –   Arbeitsblatt B

Wenn du während einem Gewitter im Freien bist
und keinen Schutz in einem Gebäude oder Auto findest,
suche eine möglichst tiefe Stelle im freien Feld.
Setze dich hin oder gehe in die Hocke.
Lasse die Füße zusammen,
so bietest du dem Blitz die kleinste Angriffsfläche.

Schreibe diesen Text in der Ich-Form:

Wenn ich _____

_____

_____

_____

_____

_____

Mit Hilfe des Donners kann man übrigens feststellen, wie weit ein Gewitter entfernt ist.
Mit einer Stoppuhr misst du die Zeit, die zwischen Blitz und Donner vergeht.
Die Sekundenzahl teilst du durch 3 und erhältst als Ergebnis die Entfernung des
Gewitters in Kilometern.
Beispiel: Der Donner ist 6 Sekunden nach dem Blitz zu hören. *Schreibe eine Antwort.*

_____

Was tust du besser nicht?
Streiche diese Zeile mit einer starken Farbe durch.

Ein altes Sprichwort rät:

„Vor Eichen sollst du weichen
und die Weiden sollst du meiden.
Zu den Fichten flieh mitnichten,
doch die Buchen musst du suchen."

HÖR MaL! / 3.-4. Schuljahr
Hörverstehen trainieren – Bestell-Nr. 11 338
Lernen mit Erfolg
KOHL VERLAG

Vor Eichen sollst du weichen, Buchen sollst du suchen – Arbeitsblatt C

1. *Ordne die Eigenschaften den Bäumen zu.*

ohne sichtbare Schäden

saugt Wasser auf wie ein Schwamm

bleibt außen nass

glatte Rinde

dicke, zerklüftete Rinde

Blitze hinterlassen Brandspuren

Wasser leitet Blitz direkt in den Boden

Buche

Eiche

2. *Macht es einen Unterschied, unter welchem Baum man bei einem Gewitter steht?*

_____

3. *Wie erhält der Mensch den Stromschlag? Kreuze die richtige Antwort an.*

☐ Der Blitz schlägt in den Baum, dieser gibt den Schlag direkt weiter.

☐ Der Blitz fährt über den Baum in den Boden und dann in den Menschen.

4. *Der Blitz schlägt immer in den höchsten Punkt ein. Neben Bäumen können das*

auch _____ oder _____ sein.

5. *Welche Organisation rät den Menschen, bei Gewittern vor allem Buchen zu meiden?*

☐ Der Volksmund.

☐ Die Schutzgemeinschaft Deutscher Wald.

HÖR MaL! / 3.-4. Schuljahr
Hörverstehen trainieren – Bestell-Nr. 11 338
KOHL VERLAG

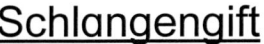

Schlangengift

TRACK 8	Gesamtdauer: 0:55

ZUM INHALT Der Text liefert Informationen zu Schlangen und ihren Besonderheiten. Es wird erklärt, welche Sinne Schlangen nutzen, um Beute zu finden und sie zu verspeisen. Auch der medizinische Nutzen des Schlangengiftes in Bezug auf den Menschen wird erläutert.

LERNZIELE Detailliertes Hören, Informationen herausfiltern.

DURCHFÜHRUNG Ohne große Vorbereitung wird der Track gespielt. Anschließend bearbeiten die Kinder das Arbeitsblatt A, das von allen Kindern ohne große Probleme gelöst werden kann.
Arbeitsblatt B ist anspruchsvoller. Die Kinder sollten die Möglichkeit bekommen, den Track immer wieder zu hören.

WEITERFÜHRUNG Die Kinder sammeln im Internet oder im Lexikon weitere Informationen zu dem Thema „Schlangen". Sie sollen zu kleinen Schlangenforschern werden, indem sie diesem Tier auf die Schliche kommen: Schlangenarten, Besonderheiten einzelner Schlangenarten, Tarnung, natürliche Feinde, Nahrung, Lebensdauer ...
Dazu könnten Mini-Referate entstehen, die den Mitschülern präsentiert werden.

HÖR MaL! / 3.-4. Schuljahr
Hörverstehen trainieren – Bestell-Nr. 11 338
Lernen mit Erfolg
KOHL VERLAG

Schlangengift – Arbeitsblatt A

1.   *Nicht alle der folgenden Aussagen stimmen. Kreuze an, welche Aussagen falsch sind.*

   a) ☐   Schlangen sind keine guten Jäger, weil sie keine Arme und Beine haben.

   b) ☐   Schlangen kauen, um ihre Beute zu fressen.

   c) ☐   Das Gift der Schlange ist nur für den Menschen tödlich.

   d) ☐   Man verwendet Schlangengift gegen Asthma.

   e) ☐   Schlangen können kaum sehen und auch nicht hören.

   f) ☐   Schlangen muss man töten, um an ihr Gift zu kommen.

   g) ☐   Schlangen „bemessen" die Größe ihrer Opfer mithilfe von Wärmesensoren an Lippen oder Augen.

2.   *Schlangen werden „gemolken". Wie könnte das vor sich gehen?*

   _____

   _____

   _____

   _____

3.   *Was fällt dir zum Wort „gemolken" noch ein?*

   _____

   _____

   _____

   _____

HÖR MaL! / 3.-4. Schuljahr
Hörverstehen trainieren – Bestell-Nr. 11 338
KOHL VERLAG

Schlangengift – Arbeitsblatt B

1.   *Beantworte die folgenden Fragen in vollständigen Sätzen.*

   a) Wieso sind Schlangen gute Jäger?

   _____

   _____

   b) Warum kann uns Menschen das Gift der Schlange helfen?

   _____

   _____

   c) Wo leben die Schlangen, von denen wir das Gift bekommen?

   _____

2.   *Beschreibe, wie eine Schlange ihre Beute jagt. Verwende hierfür folgende Begriffe.*

fühlt Bodenerschütterung – schmeckt den Duft – Ratte – gespaltene Zunge – Wärmesensoren an den Augen – „vermessen" – Giftzähne – lähmt – kaut nicht – verdaut mit dem Gift

   _____

   _____

   _____

   _____

   _____

   _____

HÖR MaL! / 3.-4. Schuljahr
Hörverstehen trainieren – Bestell-Nr. 11 338
KOHL VERLAG

Ein Ritter wird erzogen

TRACK 9   Gesamtdauer: 0:58

ZUM INHALT   Im Text geht es um die Ausbildung zum Ritter. Was muss ein angehender Ritter lernen? Welche Waffen werden im Kampf genutzt? Welches Benehmen muss erlernt werden? Wie verläuft die Ausbildung? Das sind Fragen, die im Text beantwortet werden.

LERNZIELE   Informationen herausfiltern, Beschreibung des anderen zeichnerisch umsetzen, detailliertes Hören und Zordnen, reimen

VORARBEIT   Folgende Wörter sollten eventuell nach dem ersten Hören im Zusammenhang geklärt werden:

Page = junger Adliger
Knappe = Knabe, der bei einem Ritter das Waffenhandwerk lernt
Adlige = Personen, die einem Stand angehören, der über dem einfachen Volk steht
Streitaxt = Kriegsbeil
Streitkolben = Keule mit Schlagkopf aus Stein, Stahl oder Eisen

DURCHFÜHRUNG   Der Track wird abgespielt und Unbekanntes wird geklärt. Die Arbeitsblätter A bis C können ohne Probleme von allen Kindern bearbeitet werden. Schwächere Schüler sollten die Möglichkeit haben, den Track mehrfach zu hören.

HÖR MaL! / 3.-4. Schuljahr
Hörverstehen trainieren – Bestell-Nr. 11 338

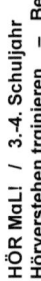

Ein Ritter wird erzogen – Arbeitsblatt A

1. *Welche Sätze hast du gehört? Kreuze an.*

   a) ☐ Die Erziehung eines Ritters dauerte nicht lange, war aber sehr hart.

   b) ☐ Mit sieben Jahren wurde ein Page aus der Obhut der Frauen genommen.

   c) ☐ Der Knabe lernte die Ritter-Zahlen.

   d) ☐ Mit 14 Jahren musste der Knappe das Elternhaus verlassen.

   e) ☐ Als Knappe setzte er die ritterliche Ausbildung an einem anderen Hof fort.

   f) ☐ Geübt wurden verschiedene Tänze: Walzer, Salsa und Rumba.

   g) ☐ Bei Hofe lernte er auch gute Manieren.

2. *Kreuze die richtige Antwort zu den Fragen an.*

   a) In welchem Alter wurden Pagen von Männern unterrichtet?

   ☐ Pagen wurden mit 5 Jahren von Männern unterrichtet.

   ☐ Pagen wurden mit 7 Jahren von Männern unterrichtet.

   ☐ Pagen wurden mit 17 Jahren von Männern unterrichtet.

   b) Was beinhaltet das Ritter-ABC?

   ☐ Reiten, Schwimmen, Bogen schießen, Faustkampf und Vogelfallen aufstellen.

   ☐ Reiten, Weitwurf, Federball spielen, Kickboxen und Vogelfallen aufstellen.

   ☐ Reiten, Weitsprung, Tanzen, Kugelstoßen und Vogelfallen aufstellen.

   c) Welche Kampftechniken wurden geübt?

   ☐ Kampftechniken mit dem Säbel, dem Spieß, dem Messer und dem Schwert.

   ☐ Kampftechniken mit der Lanze, dem Schwert, der Streitaxt und dem Streitkolben.

   ☐ Kampftechniken mit dem Pferd, der Faust, der Lanze und anderen Rittern.

HÖR MaL! / 3.-4. Schuljahr
Hörverstehen trainieren – Bestell-Nr. 11 338
KOHL VERLAG

Ein Ritter wird erzogen – Arbeitsblatt B

1. *Beantworte die folgenden Fragen in vollständigen Sätzen.*

    a) Wer konnte Lehrer des Ritters sein?

    _____

    _____

    b) In welchem Alter musste der Page das Haus verlassen und an einem anderen Hof die ritterliche Ausbildung fortsetzen?

    _____

    c) Warum waren Fürstenhöfe beliebt?

    _____

    _____

    _____

2. *Auf dem Schild eines Ritters war oft das Wappen des Hofes abgebildet, für den er arbeitete. Zeichne ein Wappen in das linke Schild. Male es an. Beschreibe es deinem Sitznachbarn. Er soll dein Wappen in das rechte Schild zeichnen und richtig ausmalen.*

        DEIN SCHILD   **SCHILD VON** _____

HÖR MaL! / 3.-4. Schuljahr — Bestell-Nr. 11 338
Hörverstehen trainieren
KOHL VERLAG

Ein Ritter wird erzogen   –   Arbeitsblatt C

1.   *Beschreibe mit deinen eigenen Worten, wie die Ausbildung zum Ritter ablief.*

_____

_____

_____

_____

_____

_____

_____

2.   • *Finde Reimwörter zu den Wörtern, die du im Text gehört hast.*
         • *Streiche die Wörter durch, die nicht im Text vorkommen.*

Wort aus dem Text	Reimwort
Ritter	
Page	
werfen	
schießen	
Leiter	
Hof	
streiten	
Lanze	
Buch	
Tisch	

HÖR MaL! / 3.-4. Schuljahr
Hörverstehen trainieren – Bestell-Nr. 11 338
KOHL VERLAG

Tiger

TRACK 10	Gesamtdauer: 0:57

ZUM INHALT   Tiger sind die größten Katzen. Der Text liefert Informationen zur Tarnung, zu ihrem Jagdverhalten und das bevorzugte Futter.

LERNZIELE   Detailliertes Hören, Informationen herausfiltern

DURCHFÜHRUNG   Ohne große Einführung hören die Kinder zu. Dann kann ein Gespräch über Tiger stattfinden. Was wissen die Kinder bereits, was ist neu für sie und was möchten sie noch über den Tiger wissen? Nach nochmaligem Hören des Tracks bearbeiten die Kinder Arbeitsblatt A oder B. Überprüfen durch erneutes Zuhören.

INFORMATIONEN ZUM TIGER   Merkmale: Tiger sind Großkatzen, die größte Katzenart aller lebenden Katzen. Ihr gold- bis rotbraunes Fell ist scharz gestreift. Es gibt acht bis neun Unterarten. Neben dem Eis- und Braunbär ist der Tiger das größte landbewohnende Raubtier. Er ernährt sich hauptsächlich von größeren Huftieren. Drei der Unterarten sind bereits ausgestorben. Es gibt nur noch etwa 3000 bis 5000 wildlebende Tiere.
Verbreitungsgebiet: Einzelne Tiger können erhebliche Strecken zurücklegen. Deshalb muss man von dauerhaften und solchen Gebieten unterscheiden, in denen Tiger nur gelegentlich auftauchen. Hauptsächlich gibt es die wildlebende Großkatze in Asien, jedoch auch hier wurde das Verbreitungsgebiet des Tigers um 40 Prozent verringert. Außerdem kommt er im fernen Osten Russlands vor sowie in Teilen Nordchinas, Indiens und auf Sumatra.

WEITERFÜHRUNG   Die Kinder recherchieren über den Tiger im Lexikon oder im Internet und beantworten ihre Fragen selbst. Sie könnten Plakate dazu gestalten, präsentieren und im Klassenraum aufhängen.

HÖR MaL! / 3.-4. Schuljahr
Hörverstehen trainieren – Bestell-Nr. 11 338

KOHL VERLAG

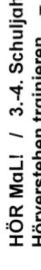

Tiger – Arbeitsblatt A

1. *Hier stimmt doch etwas nicht! Schreibe die folgenden Sätze korrigiert auf die Linien.*

a) Tiger sind die zweitgrößten Katzen und leben in der Wüste Ghobi.

_____

_____

b) Mit ihrem schwarzen Fell sind Tiger perfekt getarnt.

_____

_____

c) Ein Tiger jagt am liebsten in der prallen Hitze.

_____

_____

d) Des Tigers beste Freunde sind das Wildschwein und der Büffel.

_____

_____

e) Tiger vertilgen ihr Fressen am Stück und komplett.

_____

_____

f) Ein Beutetier wird in die Luft geschleudert und angegriffen.

_____

_____

HÖR MaL! / 3.-4. Schuljahr
Hörverstehen trainieren – Bestell-Nr. 11 338

KOHL VERLAG

Tiger – Arbeitsblatt B

1. *Richtig oder falsch? Kreuze die richtigen Aussagen an, die jeweiligen Buchstaben ergeben ein Lösungswort.*

a) Tiger sind die größten Katzen. ☐ **I**

b) Tiger leben in Europa. ☐ **S**

c) Durch ihr Fellmuster kann man sie im Dickicht kaum sehen. ☐ **T**

d) Tiger jagen am liebsten zu kühlen Tageszeiten. ☐ **E**

e) Tiger würden niemals Eidechsen, Frösche oder Krokodile fressen. ☐ **T**

f) Tiger fressen Aas. ☐ **G**

g) Ein ausgewachsener Tiger frisst bis zu 72 kg Fleisch pro Mahlzeit. ☐ **A**

h) Wildschweine greift der Tiger von vorne an. ☐ **R**

i) Das Fell der Tiger ist gepunktet. ☐ **N**

Lösungswort: __ __ __ __ __ __

2. *Beantworte die Fragen in vollständigen Sätzen.*

a) Wo leben Tiger?

_____

b) Welche Tiere sind Beutetiere des Tigers?

_____

_____

c) Wie viel Kilogramm Fleisch frisst ein ausgewachsener Tiger pro Mahlzeit?

_____

_____

HÖR MaL! / 3.-4. Schuljahr
Hörverstehen trainieren – Bestell-Nr. 11 338
KOHL VERLAG

Die Zungenkarte

TRACK 11	Gesamtdauer: 1:10

ZUM INHALT Neueste Forschungsergebnisse zeigen, dass auf der menschlichen Zunge tatsächlich 5 Geschmacksrichtungen vorherrschen: süß, sauer, salzig, bitter und umami. Vor allem Glutamat erzeugt den umami-Geschmack. Das im Text beschriebene Experiment kann also durch den Geschmack der Suppenbrühe oder passierte Tomaten erweitert werden.

LERNZIELE Gleichzeitiges Zuhören und Schreiben, Abläufe heraushören, Informationen heraushören und umsetzen

DURCHFÜHRUNG Die Kinder hören den Text und füllen <u>während der Abspielzeit</u> auf dem Arbeitsblatt A die Lücken aus. So oft wiederholen, bis alle ihre Lücken ausgefüllt haben. Überprüfung durch erneutes Hören. Arbeitsblatt B verursacht keine Schwierigkeiten und kann von allen Schülern bearbeitet werden.
Auf dem Arbeitsblatt C kann das Experiment durchgeführt und eingetragen werden.

WEITERFÜHRUNG Es könnten Lebensmittel mit in die Schule gebracht und ein Buch über Geschmacksrichtungen erstellt werden, in dem zu jeder Geschmacksrichtung verschiedene Lebensmittel verkostet und in das Buch eingetragen wird.

HÖR MaL! / 3.-4. Schuljahr
Hörverstehen trainieren – Bestell-Nr. 11 338
KOHL VERLAG

Die Zungenkarte – Arbeitsblatt A

1. *Fülle den Bogen so aus, wie es im Text beschrieben wird.*

Die _____

Material, das du dafür benötigst:

• _____ kleine _____

• etwas _____, _____, _____

   und _____

• 2 _____

• etwas _____

Ablauf:

❶ Fülle die _____ mit _____,

_____, _____ und _____.

❷ Teile die _____ in _____.

So erhältst du _____ _____, die

du _____ .

❸ Lasse auf _____ _____ einen

_____ _____ . Nach jedem _____

iss etwas _____, um den _____

_____ _____ .

❹ Halte deine _____ in _____

_____ fest.

HÖR MaLI / 3.-4. Schuljahr
Hörverstehen trainieren – Bestell-Nr. 11 338
KOHL VERLAG

Die Zungenkarte – Arbeitsblatt B

1. *Beantworte die folgenden Fragen in vollständigen Sätzen.*

a) Wie heißen die vier Geschmacksrichtungen?

_____

_____

b) Welche Lebensmittel benötigt man für das Experiment?

_____

_____

c) Was isst man nach jedem Versuch?

_____

2. *Hier ist der Text durcheinandergeraten. Bringe die Abschnitte in die richtige Reihenfolge. Schreibe dazu die richtige Zahl in das Kästchen.*

☐ Mache aus den zwei Trinkhalmen 4, indem du sie in der Mitte teilst.

☐ Trage dein Ergebnis in die Zungenkarte.

☐ Gib einen Tropfen auf jeden Zungenbereich.

☐ Befülle die Gläser mit Zuckerwasser, Kaffee, Salzwasser und Essig.

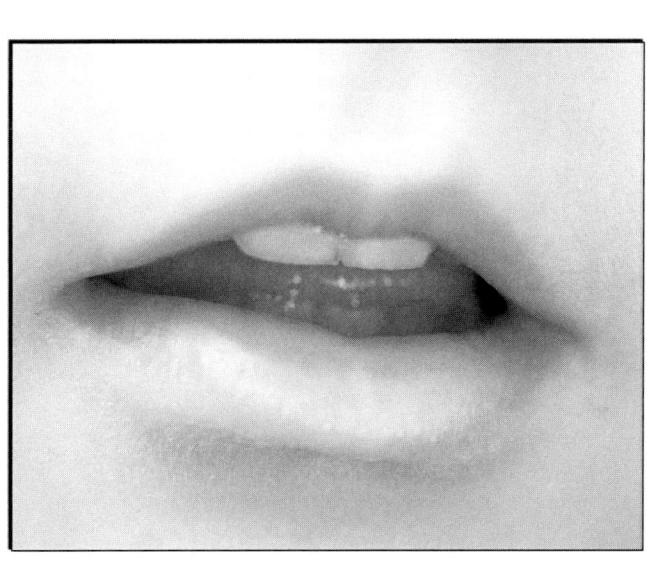

HÖR MaL! / 3.-4. Schuljahr
Hörverstehen trainieren – Bestell-Nr. 11 338

KOHL VERLAG

Die Zungenkarte – Arbeitsblatt C

1. *Richtig oder falsch? Welche Aussagen kommen wirklich im Text vor?*
Streiche falsche Aussagen durch und kreuze richtig an.

a) ☐ Mit unserer Zunge können wir nur vier Geschmacksrichtungen unterscheiden.

b) ☐ Die 3000 Geschmacksknospen verteilen sich auf der ganzen Zunge.

c) ☐ Die vier Geschmacksrichtungen haben je einen Bereich auf der Zunge.

d) ☐ Man kann Trinkhalme als Pipetten verwenden.

e) ☐ Nach jedem Versuch sollte man ein Glas Wasser trinken.

f) ☐ Für das Experiment braucht man vier kleine Gläser, etwas Zucker, Salz, Tee und Essig, zwei Trinkhalme und etwas Brot.

g) ☐ Am Ende kann man eine Zungenkarte erstellen.

2. *Führe den Geschmackstest durch.*
Zeichne die Bereiche in die Zunge und schreibe die Geschmacksrichtungen in das Feld. Wo schmeckst du umami?
Passiere dafür sehr reife Tomaten.

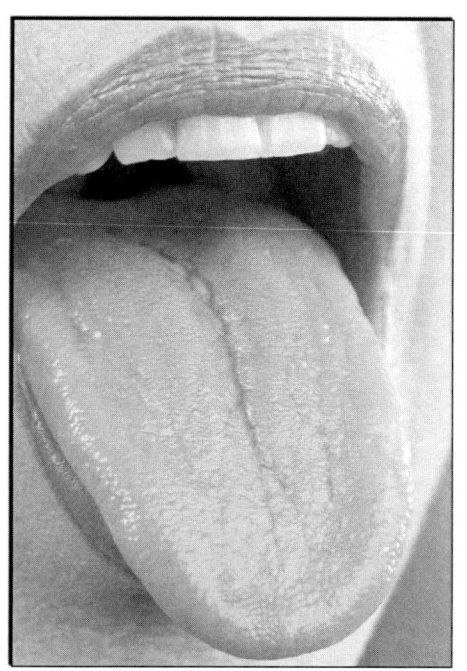

Neueste Studien haben ergeben, dass es noch eine fünfte Geschmacksrichtung gibt. Sie nennt sich „umami" und bedeutet fleischig oder herzhaft. Geschmacksverstärker rufen diesen Geschmackssinn hervor. Besonders reife, aromatische Tomaten schmecken ähnlich!

HÖR MaL! / 3.-4. Schuljahr
Hörverstehen trainieren – Bestell-Nr. 11 338
KOHL VERLAG

Skicross

TRACK 12	Gesamtdauer: 1:38

ZUM INHALT
Der Text liefert Informationen zur jungen Wintersportart Skicross. Es wird erklärt, wie die Sportart ausgetragen wird – im „Duell" Mann gegen Mann oder Frau gegen Frau.
Skicross war an den Winterspielen 2010 in Vancouver zum ersten Mal eine olympische Disziplin. Der erste Olympiasieger in dieser Disziplin wurde Mike Schmid aus Frutigen in der Schweiz.

LERNZIELE
Informationen herausfiltern

DURCHFÜHRUNG
<u>Thema</u>: Olympische Winterspiele, Siegen, Sportarten
Die Kinder hören den kurzen Sachtext und wiederholen, was ihnen erklärt wurde. Die Lehrperson weist auf die Ausdrücke hin, die unter „Vorarbeit" aufgeführt sind.
Arbeitsblatt A: Satzanfang und Satzende müssen passen.
Arbeitsblatt B: Millionenquiz mit Lösungswort MIKE SCHMID.

VORARBEIT
KO-System kommt von „knock out". Das bedeutet „herausschlagen" oder „außer Gefecht setzen".
IOC = Internationale Olympische Komitee
Fight = Kampf
Heat = Lauf
Finalheat = Schlusslauf
technische und mentale Fähigkeiten = wissen, wie man so eine Strecke fahren muss, nervenstark sein, den Druck aushalten können

PORTRAIT
MIKE SCHMID
geb. 18. März 1984
Wohnort: Frutigen (Schweiz)
Beruf: Straßenbauer
Hobbys: Sport allgemein, Reisen

HINWEIS
Eine große Auswahl an Beiträgen „100 Sekunden Wissen" von Radio DRS können im Internet abgerufen werden:
http://blog.drs.ch/blog/100-sekunden-wissen

HÖR MaL! / 3.-4. Schuljahr
Hörverstehen trainieren – Bestell-Nr. 11 338
Lernen mit Erfolg
KOHL VERLAG

Skicross – Arbeitsblatt A

Verbinde Satzanfang mit dem passenden Satzende.

Beim Skicross fahren vier	•	•	ein Lauf.
Sie kämpfen im so genannten KO-System	•	•	Skifahrer oder Skifahrerinnen gleichzeitig die Piste herunter.
Ein „Heat" ist	•	•	teilen im Finalheat die Medaillen unter sich auf.
Die ersten zwei eines	•	•	um den Sieg.
Die vier Fahrerinnen und Fahrer, die es bis zum Schluss schaffen,	•	•	der Schweizer Mike Schmid die erste Olympia-Goldmedaille in dieser Disziplin geholt.
Die Skicrossstrecke ist gespickt mit Hindernissen,	•	•	Heats kommen eine Runde weiter.
Die Fahrer donnern mit großem Tempo hinunter, riskieren halsbrecherische Sprünge und	•	•	2010 erstmals an Olympischen Spielen durchgeführt.
Skicross ist eine junge Disziplin und wurde	•	•	Buckelpassagen, Wellen und Steilwandkurven.
Bei den Winterspielen in Vancouver hat doch tatsächlich	•	•	fast schüchterner, freundlicher Mike Schmid.
Es braucht hohe technische und mentale Fähigkeiten, um diesen Kampf	•	•	versuchen mit engen Überholmanövern und Fights sich den besten Platz zu sichern.
Auf dem obersten Podestplatz steht ein	•	•	gegeneinander auszuhalten und zu gewinnen.
Er ist aus der Schweiz und wird als	•	•	ein guter Kumpel.
Ein gängiger Typ ist	•	•	gängiger Typ bezeichnet.

HÖR MaL! / 3.-4. Schuljahr
Hörverstehen trainieren – Bestell-Nr. 11 338

Skicross – Arbeitsblatt B

Millionenquiz: Beantworte die Fragen und trage die Buchstaben im passenden Feld ein.

1'000

Wo findet Skicross statt?

T   auf dem Wasser
A   auf Sand
D   auf Schnee

2'500

Wie viele Skifahrer sind jeweils gemeinsam unterwegs?

K   2
I   4
S   6

5'000

Ein Lauf ist ein ...

M   Heat.
I   Cross.
L   Spurt.

10'000

Welche Hindernisse gibt es beim Skicross nicht?

B   Steilwandkurven
U   Buckelpisten
H   Wassergräben

25'000

Wer ist Olympiasieger von 2010?

F   Daniel Schmid
C   Mike Schmid
M   Mike Sieber

50'000

Fights heißen die ...

C   Goldmedaillen.
S   Kämpfe gegeneinander.
A   die Zuschauer.

100'000

Wo waren die Olympischen Winterspiele 2010?

U   in Seattle, USA
E   in Vancouver, Kanada
D   in St. Moritz, Schweiz

250'000

Was braucht es nicht, um Skicross fahren zu können?

R   Stöcke
L   Skischuhe
K   Schal

500'000

Wie wird Mike Schmid beschrieben?

D   frecher Typ
T   lauter Typ
I   fast schüchterner Typ

1'000'000

Was ist ein gängiger Typ sicher nicht?

N   ein guter Kumpel
S   ein lieber Kerl
M   ein hinterlistiger Mann

Lösungs-
wort:

1'000'000
500'000
250'000
100'000
50'000
25'000
10'000
5'000
2'500
1'000

HÖR MaL! / 3.-4. Schuljahr
Hörverstehen trainieren – Bestell-Nr. 11 338

Robinson Crusoe

TRACK 13   Gesamtdauer: 2:48

ZUM INHALT   Robinson ist schon eine Zeitlang auf der Insel und hat sich bereits einen Unterschlupf gebaut. Robinson ist einsam und es fehlt ihm an vielem. Er überlegt sich, wie er sich besser einrichten kann.

LERNZIELE   Globales Hören, Informationen und Emotionen herausfiltern.

DURCHFÜHRUNG   Die Kinder hören den Ausschnitt des Hörspiels unvorbereitet und lösen Arbeitsblatt A. Was wurde aus dem Stück herausgehört, was blieb im Gedächtnis haften?

Erst jetzt sucht die Lehrperson ein Gespräch zu den W-Fragen:

- Wo spielt die Geschichte?
- Wann spielt die Geschichte?
- Wer ist Robinson?
- Warum ist Robinson hier?
- Was ist passiert?
- Welche Probleme hat Robinson?
- Wie löst er diese Probleme?

INFORMATIONEN ZUR GESCHICHTE   Robinson Crusoe ist ein Roman von Daniel Defoe, der die Geschichte eines Seemanns erzählt, der mehrere Jahre auf einer Insel als Schiffbrüchiger verbringt. Das Buch erschien 1719 und gilt als der erste englische Roman.

Die Geschichte von Robinson ist weltweit bekannt und wurde vielfach verfilmt.

HÖR MaL! / 3.-4. Schuljahr
Hörverstehen trainieren – Bestell-Nr. 11 338
KOHL VERLAG

Robinson Crusoe – Arbeitsblatt A

Kreuze alle Aussagen an, die richtig sind.

Um was geht es in der Geschichte?

- ☐ Deutschland sucht den geschicktesten Inselbewohner.
- ☐ Ein Mann versucht auf einer unbewohnten Insel zu überleben.
- ☐ Es ist ein Sachtext über Ziegen.

Welche der folgenden Aussagen stimmen?

- ☐ Robinson ist einsam.
- ☐ Robinson gelingt es nicht, ein Feuer zu machen.
- ☐ Robinson hat große Angst vor einem Gewitter.

Woraus fertigte Robinson Gebrauchsgegenstände an?

- ☐ aus Schlingpflanzen
- ☐ aus Muscheln
- ☐ aus Sand

Wie bekämpft Robinson seine Einsamkeitsgefühle?

- ☐ Er ruft mit dem Handy seine Freunde an.
- ☐ Er fängt eine Ziege mit Jungen und sorgt für die Tiere.
- ☐ Er spricht mit sich selbst.

Was macht Robinson, damit er das Fleisch der Ziege essen kann?

- ☐ Er macht Feuer und brät das Fleisch.
- ☐ Er klopft das Fleisch mit Steinen, bis es weich und zart ist.
- ☐ Er salzt das Fleisch mit Meerwasser.

Zeichne und male das Bild weiter. Zeichne die Umgebung, in der Robinson lebt. Zeichne auch ein paar Gegenstände, die Robinson hergestellt hat.

HÖR MaL! / 3.-4. Schuljahr
Hörverstehen trainieren – Bestell-Nr. 11 338

KOHL VERLAG

Robinson Crusoe – Arbeitsblatt B

Löse das Rätsel. Schreibe alles in Großbuchstaben.

1. Eine junge Ziege ist ein ...
2. Produkt von Ziegen
3. Behaarung der Tiere
4. Diese kann Robinson wie Schnüre verwenden
5. Dieses Wasser kann Robinson nicht trinken
6. Robinson führt ihn an vier Baumstämmen

7. Robinson springt bei der Jagd darüber
8. Das fehlt ihm, um Fleisch zu braten
9. Robinson vermisst seine ...
10. Mit Pfeil und Bogen und Axt geht Robinson auf die ...
11. Ziegen ... (Menschen manchmal auch)

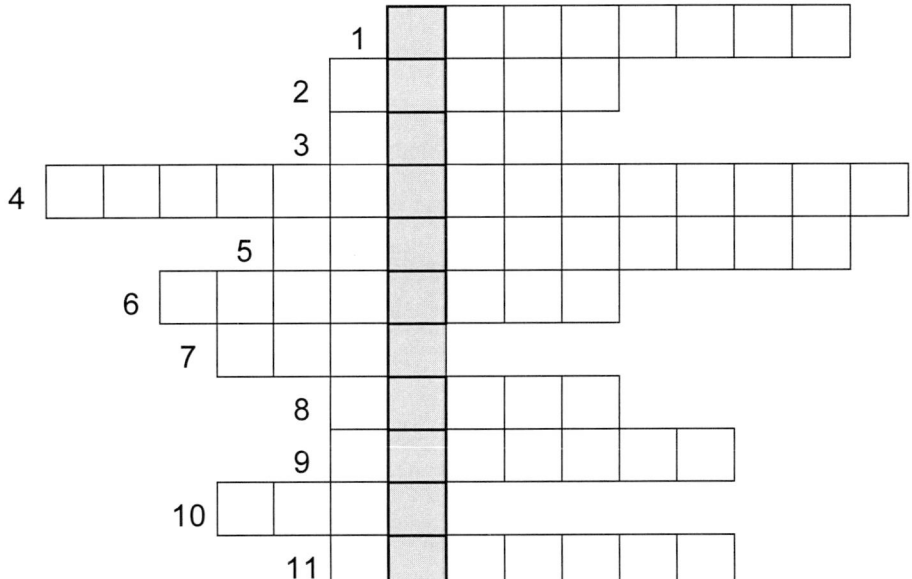

Das Lösungswort heißt: _____

Wie lange ist Robinson schon auf der Insel?

_____

Was würdest du als erstes tun, wenn du auf dieser Insel wärst?

_____

_____

HÖR MaL! / 3.-4. Schuljahr
Hörverstehen trainieren – Bestell-Nr. 11 338
KOHL VERLAG

Die Fliege und die Spinne

von Max Huwyler

TRACK 14   Gesamtdauer: 0:58

Geschichte von Max Huwyler aus dem Buch
„Von Krebsen, Fliegen und Affen" 15 Tiergeschichten, elk Verlag

ZUM INHALT   Eine Fliege und eine Spinne unterhalten sich. Wer tut was und wer lebt wie? Die Geschichte lässt den Schluss offen.

LERNZIELE   Feinmotorische Tätigkeit und gleichzeitig zuhören können.
Bildliches Vorstellungsvermögen schulen.
Fantasie für die Weiterführung der Geschichte.

DURCHFÜHRUNG   Die Kinder hören die Geschichte und zeichnen **während der Abspielzeit** auf dem Arbeitsblatt A das Spinnennetz weiter.
Sie hören die Geschichte ein zweites Mal mit geschlossenen Augen und stellen sich Bilder vor.
Die Kinder schreiben, was am Abend passiert.

Arbeitsblatt B/Partner- oder Kleingruppenarbeit: Die Fliege und die Spinne sprechen miteinander. Die Kinder schreiben die Geschichte als Rollenspiel auf. Es muss nicht wortwörtlich übereinstimmen, der Verlauf der Geschichte sollte aber übernommen werden.
Die Kinder üben das Rollenspiel und tragen es vor.

INFORMATION SPINNENNETZ

1. Zuerst erzeugt die Spinne einen langen Faden, der vom Wind z.B. an einen Zweig getragen wird und dort hängen bleibt.
2. Nun läuft die Spinne wie über eine Brücke bis zur Mitte des Fadens.
3. Dort seilt sie sich an einem Faden ab, bis sie eine weitere Aufhängestelle gefunden hat. So entsteht ein Y-förmiges Grundgerüst.
4. Nun werden, ähnlich wie bei einem Fahrrad, Speichen gebildet und Rahmenfäden gelegt.
5. Von der Mitte aus wird eine Hilfsspirale gewoben, die dem ganzen Netz Halt gibt.
6. Zum Schluss zieht die Spinne die klebrige Fangspirale ein. Von außen beginnend läuft die Spinne über die Hilfsspirale zurück, frisst ihre Fäden wieder auf und zieht gleichzeitig hochelastische klebrige Seidenfäden ein. Um die Narbe herum lässt die Spinne einen Bereich offen, den sie beim Beutefang als Durchschlupf zur anderen Netzseite benutzen kann.

nach: Natur Verlag Wawra, Aachen 2002, Text aus dem Kalender „Natur erleben durch das Jahr – 3", Bestell-Nr. 403

HÖR MaL! / 3.-4. Schuljahr
Hörverstehen trainieren – Bestell-Nr. 11 338

Die Fliege und die Spinne – Arbeitsblatt A

Du hörst die Geschichte. Zeichne dazu das Spinnennetz weiter. Verbinde die Punkte.

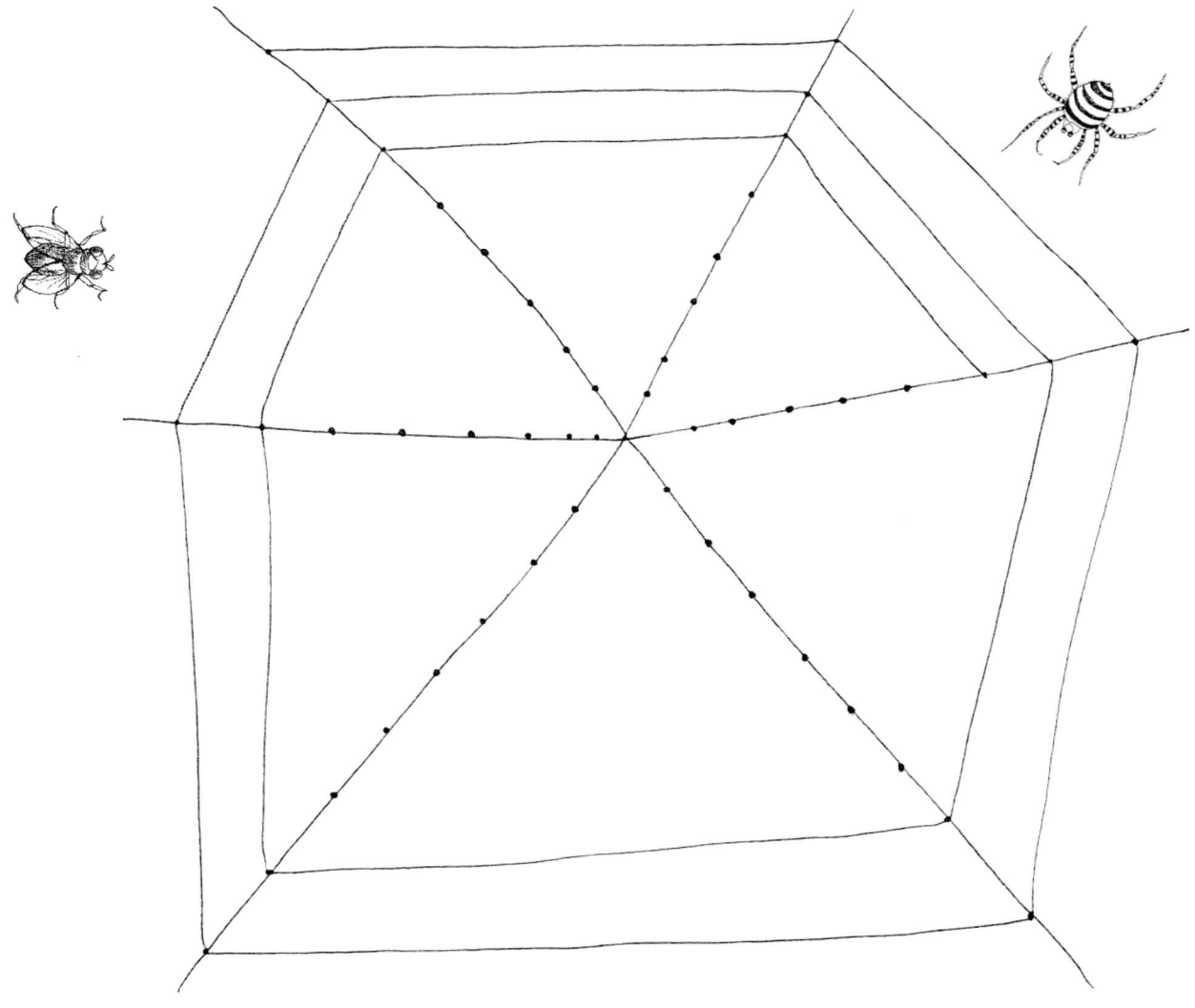

Was geschieht wohl am Abend? Erfinde einen Schluss.

_____

_____

_____

_____

_____

_____

HÖR MaL! / 3.-4. Schuljahr
Hörverstehen trainieren – Bestell-Nr. 11 338
KOHL VERLAG

Die Fliege und die Spinne – Arbeitsblatt B

Die Spinne und die Fliege sprechen miteinander.
Schreibt ein Rollenspiel. Lest euer Theater mit verteilten Rollen vor.

	Spinnst du?
	Ja, ich spinne, weil ich eine Spinne bin und du fliegst, weil du eine Fliege bist.

HÖR MaL! / 3.-4. Schuljahr
Hörverstehen trainieren – Bestell-Nr. 11 338

KOHL VERLAG

Der Frosch, der so groß wie ein Ochse sein wollte

TRACK 15   Gesamtdauer: 1:23

ZUM INHALT   Fabel von Jean de La Fontaine
Ein Frosch lebte zufrieden in seiner Umgebung. Da sah er eines Tages einen mächtigen Ochsen. Der Frosch wollte genau so groß und stark werden wie dieser. Er verfolgte nur noch dieses Ziel und blies sich auf – bis er schließlich platzte.

LERNZIELE   Globales Verstehen, bildliches Vorstellungsvermögen entwickeln.

DURCHFÜHRUNG   Arbeitsblatt A: Die gleiche Fabel ist in anderen Worten erzählt. Wenn die Kinder die Geschichte verstanden haben, werden sie die Abschnitte ordnen können.

Nacherzählung mündlich:
- Lass dir erklären, was du nicht verstanden hast.
- Schreibe Stichwörter auf, die du beim Erzählen verwendest.
- Achte auf die richtige Reihenfolge des Inhalts.
- Sprich deutlich und langsam.
- Brauche nicht mehr als 1–3 Minuten.

Nacherzählung schriftlich (Arbeitsblatt B):
- Lass dir erklären, was du nicht verstanden hast.
- Schreibe zu jedem Bild Stichwörter auf, die du beim Schreiben verwendest.
- Achte auf die richtige Reihenfolge des Inhalts und darauf, was du zu welchem Bild schreiben willst.
- Lies deinen Text am Schluss nochmals durch. Achte auf die Richtigkeit des Inhalts und die Rechtschreibung.

Fragen:
- Was will die Fabel uns sagen?
- Wie erlebst du den Frosch?
- Welche Wörter passen zum Frosch?

FABEL   Das Wort „Fabel" kommt aus dem Lateinischen (fabula) und bedeutet „die Rede", „die Unterhaltung", „die Erzählung". Die meisten Fabeln haben Tiere als handelnde Wesen. Der Verlauf einer Fabel spitzt sich Schritt für Schritt zu. Der Sinn der Erzählung besteht häufig in der Charakterisierung menschlicher Wesenszüge (Geiz, Neid, Überheblichkeit). Eine Fabel ist nicht einfach witzig und unterhaltsam, aus den Fabeln soll man Lehren für das eigene Verhalten gegenüber anderen Menschen ziehen.

WEITERFÜHRUNG   Unterschiede zwischen den zwei Texten herausarbeiten.

HÖR MaL! / 3.-4. Schuljahr
Hörverstehen trainieren – Bestell-Nr. 11 338
KOHL VERLAG

Der Frosch, der so groß wie ein Ochse sein wollte

Ein Frosch hockte auf einem Seerosenblatt am Rande des Weihers. Da sah er auf der Weide einen Ochsen, der ihm sehr prächtig vorkam. Der Ochse hatte starke Muskeln und sein Fell glänzte in der Sonne. Schnaubend konnte er aus seinen Nüstern weiße Atemwolken blasen.

Voller Neid versuchte der Frosch sich auszudehnen. Er blähte sich auf und mühte sich ab. Er wollte unbedingt ebenso groß und mächtig werden.

„Schau her, mein Bruder. Ist es genug, hab ich es schon geschafft?", fragte er den Ochsen.

„Keineswegs!", brummte der Ochse.

Der Frosch pumpte sich weiter auf.
„Und jetzt?", flehte er.

„Weit davon entfernt!",
antwortete der Ochse
gelangweilt.

„Und nun?", flüsterte der
Frosch verzweifelt.

„Du schaffst es einfach nicht!",
meinte der Ochse verächtlich.

Der Frosch wollte nicht einsehen,
dass sein Vorhaben unmöglich war.

Er schluckte starrköpfig noch
mehr Luft, blies sich mit letzter
Kraft noch mehr auf – bis er
schließlich platzte.

HÖR MaL! / 3.-4. Schuljahr
Hörverstehen trainieren – Bestell-Nr. 11 338

Der Frosch, der so groß wie ein Ochse sein wollte – Arbeitsblatt A

Hier ist die gleiche Fabel, aber ein bisschen anders erzählt. Bringe die Abschnitte in die richtige Reihenfolge. Nummeriere von 1-8.

	Er konnte den Blick nicht mehr von dem Ochsen abwenden und wurde immer neidischer, weil er selber kleiner war. „Warum bin ich nicht so groß wie er?", sagte der Frosch zu sich und mit der Zufriedenheit war es vorbei.
	„Das ist nicht gerecht!", sagte er und beschloss, sich aufzublasen, bis er ebenso groß war.
	Der Frosch blähte sich mit aller Kraft auf und meinte, sein Ziel schon erreicht zu haben. Wieder fragte er: „Bin ich jetzt so groß wie er?" „Aber nein! Das bist du immer noch nicht", quakten die kleinen Frösche.
	„Aber gleich habe ich es geschafft", dachte der Frosch. Er holte tief Atem und blähte sich auf – noch mehr – und noch mehr – und zerplatzte.
	Einmal hockte ein dicker Frosch satt und zufrieden inmitten einer Schar kleiner Frösche im moorigen Sumpfwasser.
	Die kleinen Frösche hüpften und planschten oder schnappten nach Fliegen und anderem Getier.
	Er pumpte sich voll mit Luft. „Bin ich nun so groß wie der Ochse?", rief er den anderen Fröschen zu? „Nein!", quakten die kleinen Frösche.
	Wie der Frosch so dasaß und ihnen zuschaute, entdeckte er einen Ochsen, der im Riedgras weidete. Der Ochse war groß und stark.

HÖR MaL! / 3.-4. Schuljahr
Hörverstehen trainieren – Bestell-Nr. 11 338

KOHL VERLAG

Der Frosch, der so groß wie ein
Ochse sein wollte – Arbeitsblatt B

Schreibe die Fabel in deinen eigenen Worten nach.

HÖR MaL! / 3.-4. Schuljahr
Hörverstehen trainieren – Bestell-Nr. 11 338

Wie man sich vor Räubern schützt

TRACK 16   Gesamtdauer: 4:32

Kapitel aus Hör-CD: „Ich und meine Schwester Klara", vorgelesen von Ilona Schulz, Sonderausgabe Tandem Verlag, Hörcompany Schaak und Herzog oHG, Hamburg
Buch: „Ich und meine Schwester Klara" von Dimiter Inkiow, Erika Klopp Verlag

ZUM INHALT   Die Geschwister Klara (10-jährig) und der „Ich-Erzähler" (Klaus, 8-jährig) sind am Abend alleine zu Hause. Die Eltern sind im Kino. Draußen tobt ein Gewitter, die Kinder haben Angst. Die Angst steigert sich noch, weil sich die Kinder vorstellen, dass Räuber kommen könnten.
Sie überlegen, wie sie diese Räuber vertreiben könnten. Die Haustiere Schnuffi und Kasimir eignen sich kaum dafür. Klara beschließt, einen Eimer mit Wasser über der Schlafzimmertüre aufzuhängen. Endlich können sie einschlafen.
Plötzlich ein Geschrei – die Räuber! Aber nein, es ist Papa, der nass unter der Türe steht. Sollen die Geschwister lachen oder weinen? Sie verstecken sich tief unter der Bettdecke.

LERNZIELE   Globales Hören, Ablauf der Geschichte erfassen, Handlungen verstehen.

DURCHFÜHRUNG   Thema Gewitter, Thema Angst.
Gespräch über Ängste in der Nacht, Ängste vor dem Einschlafen, Ängste, wenn man allein zu Hause ist.
Die Kinder hören die Geschichte. Das Verständnis wird kaum ein Problem sein.
Arbeitsblatt A: Fragen zum Textverständnis
Arbeitsblatt B: Die Geschwister sprechen im Bett miteinander (Anfang der Geschichte). Die Rolle von Klara ist wortgenau wiedergegeben. Die Rolle von „ich" wird von den Kindern sinngemäß geschrieben.

AUTOR
DIMITER INKIOW   1932 geboren in Bulgarien.
Studium mit Abschluss als Bergwerk-Ingenieur, später Studium an der Akademie für Schauspielkunst und Theaterwissenschaft in Sofia, Diplom als Regisseur. Er verfasste zahlreiche Bühnenstücke und lebte seit 1965 in Deutschland.
An die 100 Kinderbücher sind von ihm erschienen, die weltweit in 25 Sprachen übersetzt wurden.
2006 gestorben in München.

HÖR MaL! / 3.-4. Schuljahr   Bestell-Nr. 11 338
Hörverstehen trainieren
KOHL VERLAG

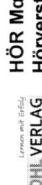

Wie man sich vor Räubern schützt – Arbeitsblatt A

Kreuze jeweils die richtige Antwort an und beantworte dann die Fragen.

Wer war nicht in der Wohnung?

☐ Schnuffi und Kasimir
☐ die Räuber
☐ Klara und der Erzähler

Warum flüsterte Klara?

☐ Sie war erkältet.
☐ Sie hatte Angst, dass Räuber sie hören.
☐ Sie wollte die Eltern nicht wecken.

Warum gab es plötzlich ein Geschrei?

☐ Die Räuber waren gekommen.
☐ Papa war ganz nass.
☐ Mama stolperte über Schnuffi.

Wie ist räuberisches Wetter? Beschreibe.

_____

_____

Welche drei Ideen hatten die beiden Kinder, wie sie die Räuber vertreiben könnten?

_____

_____

_____

_____

Warum versteckten sich die Geschwister am Schluss unter der Bettdecke?

_____

_____

_____

_____

HÖR MaL! / 3.-4. Schuljahr
Hörverstehen trainieren – Bestell-Nr. 11 338
KOHL VERLAG

Wie man sich vor Räubern schützt — Arbeitsblatt B

Die Geschwister liegen im Bett und unterhalten sich.
Schreibt die Rolle des Erzählers (ich). Lest euer Theater mit verteilten Rollen vor.

ich	
Klara	Komm, aber ganz leise!
ich	
Klara	Damit niemand hört, dass wir hier sind.
ich	
Klara	Räuber!
ich	

Ich habe so eine schreckliche Angst bekommen, dass ich mich sofort bei Klara unter der Decke versteckte.

ich	
Klara	Ich weiß es nicht.
ich	
Klara	Weil draußen so ein räuberisches Wetter ist.
ich	
Klara	Warum? So wird uns kein Räuber hören.
ich	
Klara	Gut, dann flüstere ich nicht mehr.

Wir lagen noch eine Weile unter der Decke versteckt.

Klara	Ich weiß, wie wir uns vor Räubern schützen können.

Wie würdest du dich vor Räubern schützen?

_____

_____

_____

HÖR MaL! / 3.-4. Schuljahr
Hörverstehen trainieren – Bestell-Nr. 11 338
KOHL VERLAG

Der Däumling

TRACK 17   Gesamtdauer: 2:55

ZUM INHALT   Der Däumling ist ein Märchen der Brüder Grimm. Däumling ist sehr schlau und verschafft der Familie Geld, indem er verkauft wird und von seinen Käufern gewitzt abhaut.
Zwar wird er auf seiner Heimkehr vom Wolf gefressen, aber er lotst diesen geschickt zu seinem Haus. Dort bringt er den Wolf dazu, sich vollzufressen, bis er nicht mehr aus dem Haus hinauskommt. Er schreit um Hilfe und seine Eltern kommen. Sie töten den Wolf. Der Däumling ist frei und wird nie mehr verkauft.

LERNZIELE   Informationen verarbeiten, detailliertes Hören, Gegenteile im Text heraushören

DURCHFÜHRUNG   Die Kinder hören das Märchen an. Was nicht verstanden wird, wird geklärt. Die Schüler bearbeiten Arbeitsblatt A, indem sie den Track ein weiteres Mal anhören, für Aufgabe 2 eventuell ein drittes Mal, je nach Bedarf.

Arbeitsblatt B kann dann von allen Kindern ohne Probleme gelöst werden.

WEITERFÜHRUNG   Die Abenteuer des Däumlings könnten ausführlich betrachtet und verschriftlicht werden. Adjektive zum Ausschmücken der Geschichte sind zu empfehlen.

HÖR MaL! / 3.-4. Schuljahr
Hörverstehen trainieren – Bestell-Nr. 11 338

Der Däumling

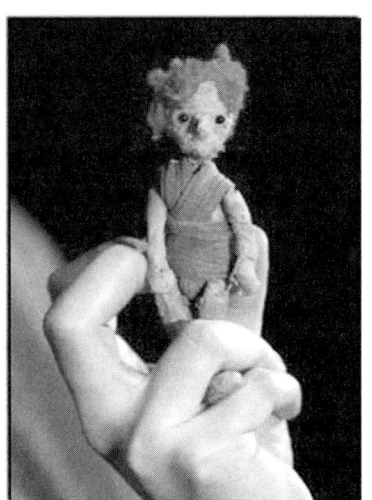

Der Däumling hatte gerade das Pferd zu seinem Vater nach Haus gelenkt. Er hatte ihm die Befehle ins Ohr geflüstert. Der Vater nahm seinen kleinen Sohn, den er auch sein Herzblatt nannte, in die Hand. Zwei Fremde hatten die Szene beobachtet und sagten sich: „Den kleinen Mann könnten wir auf Jahrmärkten ausstellen, so könnten wir unser Glück machen". Sie baten den Vater, seinen Sohn zu verkaufen. Der lehnte zunächst ab. Aber Däumling riet ihm zu: „Verkaufe mich ruhig. Wenn die Zeit gekommen ist, werde ich weglaufen und zu dir zurück kommen. Das Geld können wir gut gebrauchen." Gesagt – getan. Die beiden Fremden grinsten sich zu, denn sie dachten, sie hätten ein gutes Geschäft gemacht. Der Däumling winkte seinem Vater von der Hutkrempe des einen Wanderers aus zu.

Als es dämmerte, wurde der Däumling auf der Hutkrempe unruhig. „Nehmt mich herunter, ich muss mal." Der Mann antwortete: „Bleib nur oben, es stört mich nicht. Die Vögel lassen mir auch mal etwas auf den Hut fallen." Der Däumling aber blieb stur: „Ich weiß doch, was sich gehört. Hebt mich bitte schnell herunter." Der Hut wurde abgenommen und vorsichtig ins Gras gesetzt. Däumling hüpfte zwischen den Erdbrocken hin und her und tat so, als suche er die beste Stelle für sein kleines Geschäft. Da verschwand er auch schon in einem Mauseloch, das er sich für seine Flucht ausgewählt hatte. „Gute Nacht! Geht nur ohne mich weiter. Aus eurem Geschäft wird wohl nichts", rief der Däumling schadenfroh. Die beiden Männer stocherten wütend in dem Mauseloch herum, aber der Däumling verkroch sich immer weiter in dem Mauseloch. Da es dunkelte, mussten die beiden wütend abziehen.

Nachdem Däumling den beiden Fremden, die ihn von seinem Vater gekauft hatten, entwischt war, erlebte er etliche Abenteuer. Däumling wurde von Pastors Kuh und danach von dem Wolf gefressen. Nun war es an der Zeit, nach Hause zurückzukehren. Aus dem Magen des Wolfes hatte Däumling dem zugerufen, wo er noch mehr Futter finden könnte. Das gewitzte Kerlchen hatte ihm die Vorratskammer seiner Eltern beschrieben. Mit der Gier des Wolfes hatte er gerechnet. Er fraß soviel, dass er sich mit Mühe auf den Beinen halten konnte. So passte er nicht mehr durch die Luke, durch die er herein gekommen war. Jetzt fing der Däumling an, im Bauch des Wolfes Krach zu schlagen: „Hierher, hier bin ich! Kommt und rettet mich!". Der Wolf befahl: „Ruhe, du weckst ja alle Leute im Haus." Aber das hatte er ja bezweckt. Seine Eltern rückten bewaffnet mit Axt und Sense an. Als sie die Stimme ihres Kindes hörten, erschlugen sie den Wolf, schnitten seinen Leib auf und befreiten Däumling. Den wollten sie nie wieder verkaufen.

HÖR MaL! / 3.-4. Schuljahr
Hörverstehen trainieren – Bestell-Nr. 11 338
KOHL VERLAG

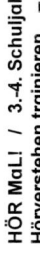

Der Däumling – Arbeitsblatt A

1. *Beantworte die folgenden Fragen in vollständigen Sätzen.*

a) Wieso verkauft der Vater den Däumling doch?

_____

_____

b) Warum wurde der Däumling auf der Hutkrempe nervös?

_____

_____

c) Was hatte sich der Däumling für seine Flucht ausgewählt?

_____

_____

d) Was hatte der Däumling auf seiner Rückkehr nach Hause alles erlebt?

_____

_____

2. *Höre dir den Text nochmal an. Dort findest du die hier aufgelisteten Wörter. Du findest aber auch Wörter, die das Gegenteil bedeuten. Welche Wörter kannst du hören, welche nicht? Kreuze nur diejenigen an, die du hörst.*

a) geflüstert
- [ ] schrie
- [ ] rief
- [ ] brüllte

b) ruhig
- [ ] laut
- [ ] hibbelig
- [ ] unruhig

c) baten *(jmd. bitten)*
- [ ] forderte
- [ ] befahl
- [ ] drohen

HÖR MaL! / 3.-4. Schuljahr
Hörverstehen trainieren – Bestell-Nr. 11 338
KOHL VERLAG

Der Däumling – Arbeitsblatt B

1. *Welche Sätze sind richtig, welche falsch? Kreuze nur die richtigen Sätze an.*

a) ☐ Der Däumling lenkte das Pferd seines Vaters, indem er ihm ins Ohr flüsterte.

b) ☐ Der Däumling und sein Vater wurden von Fremden dabei beobachtet, wie sie ins Haus gingen.

c) ☐ Der Vater verkaufte seinen Sohn gerne an die Fremden, denn das Geld konnte er gut gebrauchen.

d) ☐ Der Fremde trug den Däumling auf der Schulter.

e) ☐ Der Däumling trickste die Fremden damit aus, dass er mal aufs Klo müsse.

f) ☐ Auf der Suche nach einer geeigneten Stelle für sein kleines Geschäft fiel der Däumling aus versehen in ein Mauseloch.

g) ☐ Die Fremden ärgerten sich, dass der Däumling ihnen entkommen war.

2. *Beantworte die Fragen und trage die Antworten in das Kreuzworträtsel ein. Die Buchstaben in den grau hinterlegten Kästchen ergeben ein Lösungswort.*

a) Welches Tier lenkt Däumling anfangs nach Hause?
b) Von wem wurden sie beobachtet?
c) Wo wollten sie den Däumling ausstellen?
d) Wo saß der Däumling, als er dem Vater winkte?
e) Was lässt auch mal was auf den Hut des Fremden fallen?
f) Zwischen was hüpfte der Däumling hin und her?
g) Was plante der Däumling wirklich auf dem Boden?
h) Was machten die Männer, nachdem der Däumling ins Mauseloch geflohen war?

Lösungswort: __ __ __ __ __

Ä = AE
Ö = OE

HÖR MaL! / 3.-4. Schuljahr
Hörverstehen trainieren – Bestell-Nr. 11 338

KOHL VERLAG

Der gestiefelte Kater

TRACK 18 Gesamtdauer: 1:00

ZUM INHALT Der gestiefelte Kater ist ein sehr bekanntes Märchen der Brüder Grimm. Der Vater selbst macht durch clevere Taten seinen Herrn Hans zu einem Grafen, obwohl dieser ein einfacher Bauernsohn ist. Doch auf diese Weise wird Hans Graf und darf die Prinzessin heiraten.

LERNZIELE Informationen verarbeiten, detailliertes Hören

DURCHFÜHRUNG Der Track kann ohne Vorarbeit abgespielt werden. Im Anschluss daran werden die Schüler gefragt, ob sie das Märchen kennen. Es wird weitererzählt, damit die Handlung klarer wird. Die Arbeitsblätter A und B können mit erneutem Hören des Tracks ohne Probleme bearbeitet werden.

HÖR MaL! / 3.-4. Schuljahr
Hörverstehen trainieren – Bestell-Nr. 11 338
KOHL VERLAG

Der gestiefelte Kater – Arbeitsblatt A

1. *Die Reihenfolge der Sätze ist durcheinandergeraten. Bringe sie in die richtige Reihenfolge, indem du sie von 1 bis 8 durchnummerierst.*

☐ Hans hatte des Katers Rat noch nie geschadet, also folgte er.

☐ „Allergnädigster König! Ein Dieb hat die Kleider meines Herrn gestohlen."

☐ Mit seiner Rebhuhnjagd hatte sich der gestorbene Kater schon bei dem König eingeschmeichelt.

☐ „Der König und die Prinzessin möchten am See spazieren fahren ... ."

☐ Der König ließ prächtige Kleider holen und Hans kam aus dem Wasser.

☐ Der Kater bat seinen Herrn, sich auszuziehen und ins Wasser zu springen.

☐ Jetzt fehlte seinem Herrn nur noch eine vornehme Bekleidung.

☐ Er durfte in der Kutsche mitfahren, denn der König hatte die Rebhühner ja in seinem Namen bekommen.

2. *Weißt du noch? Ergänze die Sätze.*

a) Die Gelegenheit kam, als der _____ schimpfte.

b) Jetzt wird es nichts aus der _____ im Wirtshaus.

c) Die _____ ließ der _____ verschwinden.

d) Nun ist der _____ von Carrabas im _____ und kann nicht heraus.

HÖR MaL! / 3.-4. Schuljahr
Hörverstehen trainieren – Bestell-Nr. 11 338
KOHL VERLAG

Der gestiefelte Kater   –   Arbeitsblatt B

1. *Erinnerst du dich noch? Beantworte die Fragen.*

a) Womit hatte sich der gestiefelte Kater beim König eingeschmeichelt?

_____

_____

b) Woraus wurde nichts, weshalb der Kutscher schimpfte?

_____

_____

c) Was passierte, nachdem der Kater dem König erklärte, was mit Hans geschah?

_____

_____

2. *Hier stimmt was nicht. Verbessere die Sätze.*

a) Der Kater hatte dem König schöne Augen gemacht und sich so bei ihm eingeschmeichelt.

_____

_____

b) Der Kutscher freute sich, dass der König und die Prinzessin am See spazieren wollten.

_____

_____

c) Der Kater ließ prächtige Stiefel holen und die Prinzessin kam aus dem Wasser.

_____

_____

HÖR MaL! / 3.-4. Schuljahr
Hörverstehen trainieren – Bestell-Nr. 11 338
KOHL VERLAG

Wer bin ich?

TRACKS 19-21 Gesamtdauer: 5:33

Track 19: Harry Potter (2:33), Sprecher: Leonie Kohl, Maria Kohl, Thomas Gross & Manuel Gross
Track 20: Roger Federer (1:12), Sprecher: Paula Müller, Maria Kohl, Thomas Gross
Track 21: Adler/Steinadler (1:48), Sprecher: Paula Müller, Leonie Kohl, Thomas Gross, Manuel Gross

ZUM INHALT Eine wirkliche Person, eine Kunstfigur und ein Tier werden von Kindern erfragt. Ziel ist es, Tier oder Personenkreis möglichst schnell einzugrenzen. Die Befragten sollten nach Möglichkeit nur mit „JA" oder „NEIN" antworten.

LERNZIELE Detailliertes Hören, Kombinieren.
Weiterführung: Förderung der mündlichen Kompetenz.

DURCHFÜHRUNG Die drei Tracks werden einzeln gehört, evtl. jeder einzelne mehrmals. Wer wird erfragt? Finden das die Kinder nur über das Gehörte nicht heraus, können sie auch anhand der schriftlichen Fragen auf die Lösung stoßen. Dazu soll der jeweilige Track nochmals gehört werden.

Arbeitblatt A und B: Die Lehrperson schneidet die Arbeitsblätter so auseinander, dass für jedes Rätsel ein Blatt bereit ist.
Arbeitsblatt C baut auf Arbeitsblatt A und B auf.

WEITERFÜHRUNG Variante des Spiels, bei der alle Kinder beteiligt sind (Gruppen von 3–6 Kindern):
Jedes Kind schreibt auf einen Post-it-Zettel einen Namen, eine Figur oder ein Tier, das die anderen Kinder auch kennen.
Die Kinder kleben ihren Zettel dem Nachbarkind rechts von ihm so auf die Stirne, dass es diesen Begriff nicht lesen kann.
Das jüngste Kind beginnt und versucht herauszufinden, wer es ist. Es darf nur Fragen stellen, die mit JA oder NEIN beantwortet werden können.
Ist die Antwort JA, darf es weiterfragen. Ist die Antwort NEIN, kommt das nächste Kind an die Reihe. Wer findet zuerst heraus, wer oder was auf seinem Zettel steht?

HÖR MaL! / 3.-4. Schuljahr
Hörverstehen trainieren – Bestell-Nr. 11 338

Wer bin ich? – Arbeitsblatt A

Hast du herausgefunden, wer gesucht wurde?

Lösung: _____

Erinnerst du dich noch? Beantworte die Fragen.

	JA	NEIN
Gibt es die Person in Wirklichkeit?		
Kommt die Person in einem Buch vor?		
Kommt die Person auch in Filmen vor?		
Lebt er in Amerika?		
Lebt er auf einem Schloss?		
Spukt er im Schloss herum?		
Kann er etwas, was andere nicht können?		

Hast du herausgefunden, welche Person gesucht wurde?

Lösung: _____

Erinnerst du dich noch? Kreuze an.

	JA	NEIN
Ist die Person über 50 Jahre alt?		
Ist sie sportlich?		
Spielt sie meistens in einer Mannschaft?		
Ist Schnee für diesen Sport wichtig?		
Ist Deutsch die Muttersprache?		
Spricht die Person auch Englisch?		
Ist die Person weltbekannt?		

HÖR MaL! / 3.-4. Schuljahr
Hörverstehen trainieren – Bestell-Nr. 11 338
Lernen mit Erfolg
KOHL VERLAG

Wer bin ich? – Arbeitsblatt B

Hast du herausgefunden, welches Tier gesucht wurde?

Lösung: _____

Erinnerst du dich noch? Kreuze an.

	JA	NEIN
Ist das Tier ein Säugetier?		
Lebt es in der Luft?		
Fliegt es im Herbst weg?		
Hat das Tier große Flügel?		
Kann das Tier gut sehen?		
Frisst es am liebsten Fische?		
Ist das Nest hoch oben in den Baumwipfeln?		

Anleitung: Wer bin ich?

Gruppen von je 3–6 Kindern.
Ein Kind meldet sich freiwillig und wartet vor der Tür. Die restliche Gruppe einigt sich auf einen Namen, eine Figur oder ein Tier, das alle kennen. Jemand schreibt es auf einen Post-it-Zettel. Das Kind, das vor der Türe gewartet hat, wird hereingerufen. Der Zettel wird ihm so auf die Stirne geklebt, dass es den Begriff nicht lesen kann.

Das Kind versucht herauszufinden, was oder wer auf dem Zettel steht. Es darf nur Fragen stellen, die mit JA oder NEIN beantwortet werden können.

Beispiele:

HÖR MaL! / 3.-4. Schuljahr
Hörverstehen trainieren   –   Bestell-Nr. 11 338
KOHL VERLAG

Wer bin ich?   –   Arbeitsblatt C

1. **a)** *Welche Gegenstände gehören zur Person aus Nr. 1? Kreise mit rot ein.*

b) *Welche Gegenstände gehören zur Person von Aufgabe 2? Kreise grün ein.*

c) *Welche Gegenstände gehören zum Tier aus Aufgabe 3? Kreise gelb ein.*

d) *Was bleibt übrig? Schreibe hier das Lösungswort hin:*

___ ___ ___ ___ ___ ___ ___ ___ ___ ___

| ß = SS |

2. *Wer bin ich?*

- Ich habe 7 Freunde.
- Meine Freunde sind sehr klein
- Ich habe eine Stiefmutter, die sehr schön ist.
- Man sagt, ich bin sehr schön.
- Meine Stiefmutter vergiftet mich mit einem Apfel.

Wer bin ich?

___ ___ ___ ___ ___ ___ ___ ___ ___ ___ ___ ___ ___

HÖR MaL! / 3.-4. Schuljahr
Hörverstehen trainieren – Bestell-Nr. 11 338

Lernen mit Erfolg
KOHL VERLAG

Teekesselraten

TRACKS 22-26   Gesamtdauer: 4:22

Track 22: Gipfel (0:31)
Track 23: Blätter (0:42)
Track 24: Nadel (0:34)
Track 25: Noten (0:30)
Track 26: Nagel (0:33)

Vorgetragen von Manuel & Thomas Gross

ZUM INHALT   Teekesselraten ist ein Spiel mit gleichen Wörtern, die aber je nach Zusammenhang etwas anderes bedeuten.
Tracks 22–23: Jeder Begriff wird einzeln beschrieben.
Tracks 24–26: Die Kinder sprechen abwechslungsweise einen Satz zu den zwei verschiedenen Begriffen. Das ist schwieriger zu erkennen.

LERNZIELE   Zusammenhänge erkennen, detailliertes Hören.
Förderung der mündlichen Kompetenz.

DURCHFÜHRUNG   Die Kinder hören den Beschreibungen mit geschlossenen Augen zu.
Wer findet den Begriff, auf den die zwei Beschreibungen zutreffen?

Arbeitsblatt A: Die Kinder schreiben den erratenen Begriff mit Bleistift ins erste Feld. Beim zweiten Hördurchgang kontrollieren sie oder ändern die Einträge.
Die Kinder zeichnen die beiden Begriffe.
Arbeitsblatt B: Weitere Teekesselrätsel – die Kinder umschreiben die Begriffe selber. Sie tragen die Rätsel Eltern oder Geschwistern vor.

HÖR MaL! / 3.-4. Schuljahr
Hörverstehen trainieren – Bestell-Nr. 11 338

KOHL VERLAG

<u>Teekesselraten   –   Arbeitsblatt A</u>

Kannst du die Begriffe erraten?

	Wie heißen die „Teekessel"?	Zeichne die beiden Begriffe.
1.		
2.		
3.		
4.		
5.		
6.	Beschreibt zu zweit diesen „Teekessel".	

HÖR MaL! / 3.-4. Schuljahr
Hörverstehen trainieren – Bestell-Nr. 11 338

KOHL VERLAG

Teekesselraten – Arbeitsblatt B

Schreibe selber Teekesselrätsel. Bereite ein Rätsel zum Vorlesen vor.

HÖR MaL! / 3.-4. Schuljahr
Hörverstehen trainieren – Bestell-Nr. 11 338
KOHL VERLAG

Witze

TRACK 27	<u>Gesamtdauer</u>: 1:00
ZUM INHALT	Drei Schülerwitze werden vorgetragen.
LERNZIELE	Zusammenhänge und Pointen erkennen. Förderung der Mündlichkeit.
DURCHFÜHRUNG	Die Schüler kennen Witze und erzählen sicher auch gerne welche. Vielleicht ist es eine Hausaufgabe, einen Witz aufzuschreiben und vorzubereiten, um ihn der Klasse oder einer Gruppe zu erzählen. Machen Sie mit den Kindern klare Regeln ab: Die Witze dürfen nicht rassistisch sein und andere nicht verletzen (evtl. sollen die Eltern die Hausaufgaben unterschreiben). Die Kinder hören die drei Witze: Welcher gefällt am besten und warum? Welcher gefällt am wenigsten und warum? Die Kinder hören die Witze noch einmal. Sie versuchen, die Witze nachzuerzählen. Wenn die Lehrperson merkt, dass die Witze verstanden worden sind, bekommen die Kinder das Arbeitsblatt.
WEITERFÜHRUNG	Statt als Einstieg ins Thema, kann das „Witze-Erzählen" auch als Weiterführung gemacht werden.

HÖR MaL! / 3.-4. Schuljahr
Hörverstehen trainieren – Bestell-Nr. 11 338
KOHL VERLAG
Lernen auf Erfolg

Witze

Die drei Witze sind ziemlich durcheinander geraten. Schneide die Streifen auseinander und versuche, die drei Witze richtig zusammenzusetzen.

„Und wie viel kostet die Schultasche?"

Der Freund schüttelt den Kopf: „Das glaube ich nicht."

Emil meint: „Prima, dann fahren Sie bitte die Schultasche zur Schule.
Ich gehe zu Fuß."

„25 Euro", antwortet der Taxifahrer.

„Gut", sagt Emil erleichtert, „ich habe nämlich meine Hausaufgaben nicht gemacht".

Emil fragt seine Lehrerin:

„Stell dir vor, unsere Lehrerin hat noch nie ein Pferd gesehen", sagt Emil zu seinem Freund.

„Wie viel kostet die Fahrt für mich bis zur Schule?"

„Doch!", beteuert Emil, „ich habe vorher ein Pferd gezeichnet und sie hat gefragt, was das denn sein soll."

„Die Schultasche kostet nichts."

„Nein", natürlich nicht, „meint die Lehrerin".

Die Zeichenstunde ist vorbei, die Kinder sind in der Pause.

„Kann man bestraft werden für etwas, das man nicht gemacht hat?"

Emil fragt den Taxifahrer:

Zusatz: Merke dir einen Witz und schreibe ihn mit eigenen Worten auf.

HÖR MaL! / 3.-4. Schuljahr
Hörverstehen trainieren – Bestell-Nr. 11 338
KOHL VERLAG

Oben in der Rumpelkammer

TRACK 28 Gesamtdauer: 1:41

Ausschnitt aus der CD „Du bist da, und ich bin hier", Geschichten und Gedichte von Frantz Wittkamp, gesprochen von Manfred Steffen.

ZUM INHALT Was alles in der Rumpelkammer zu finden ist – der lange Aufzählvers eignet sich fürs Gedächtnistraining.

LERNZIELE Gedächtnistraining, Schulung der bildlichen Vorstellung, Finden von Reimwörtern.

DURCHFÜHRUNG Was ist eine Rumpelkammer? (Gerümpelkammer)
Das Gedicht ist eigentlich eine reine Aufzählung von Sachen, die in der Rumpelkammer zu finden sind.
Die Kinder hören zu und versuchen sich 4 Sachen zu merken.
Beim zweiten Mal versuchen sie sich 2 zusätzliche Sachen zu merken, usw.
Arbeitsblatt A: Arbeit mit den Wörtern. (Im Suchsel sind die Wörter nur waagerecht und senkrecht versteckt.)
Arbeitsblatt B: Was war nicht dabei? Zuordnung Adjektive – Gegenstände.

WEITERFÜHRUNG Die bekannten Regeln des Kofferspiels kommen hier zur Anwendung:

Kind A: In der Rumpelkammer finde ich eine Gitarre.
Kind B: In der Rumpelkammer finde ich eine Gitarre und einen Rucksack.
Kind C: In der Rumpelkammer finde ich eine Gitarre, einen Rucksack und eine Spielzeugeisenbahn.
usw.

Variante 1: Die Kinder müssen Sachen finden, die immer mit dem gleichen Buchstaben anfangen (Gitarre, Geografiebuch, Gespenst, Globus, ...).

Variante 2: Die Kinder finden Sachen, die nach dem ABC geordnet sind (Atlas, Bänder, Clown, Dudelsack, Eierbecher, ...).

HÖR MaL! / 3.-4. Schuljahr
Hörverstehen trainieren – Bestell-Nr. 11 338

Oben in der Rumpelkammer – Arbeitsblatt A

Im Suchsel findest du 12 Wörter, die im Gedicht auch vorkommen.
Suche sie und schreibe sie zu ihren Reimwörtern.

D	A	M	E	N	H	Ü	T	E	A	J	T	P	L	Q	K
X	G	S	U	P	P	E	N	S	C	H	Ü	S	S	E	L
Y	A	N	Q	E	Y	B	L	U	M	E	N	V	A	S	E
D	R	B	D	N	W	M	L	A	G	Ü	S	Ä	K	M	I
E	D	L	N	D	H	Ä	X	U	S	D	W	N	Ö	K	D
Ö	I	O	B	E	W	Ä	S	C	H	E	L	E	I	N	E
B	N	U	A	L	J	Ö	J	N	I	C	F	G	V	W	R
X	E	B	L	U	M	E	N	S	A	M	E	N	Ü	Q	S
Q	N	Z	F	H	S	T	K	M	V	T	H	D	T	M	T
I	R	N	L	R	U	B	J	Q	K	F	N	A	Ö	F	O
B	E	T	T	G	E	S	T	E	L	L	G	L	P	H	F
H	S	K	W	G	N	Ü	Z	N	I	Q	B	Z	F	J	F
F	T	E	D	D	Y	B	Ä	R	O	D	Ä	N	E	A	S
N	E	X	L	R	E	I	S	E	T	A	S	C	H	E	F

_____	Knöpfe
_____	Schlösser mit und ohne Schlüssel
_____	Segelschiff in einer Flasche
_____	rotkarierte Weste
_____	Bilderrahmen
_____	hundert Bücher ungefähr
_____	Puppe ohne Beine
_____	Kasperlefigur
_____	verstaubtes Löwenfell
_____	kleiner bunter Hase
_____	Einkaufstüte
Für dieses Wort findest du kein Reimwort:	

HÖR MaL! / 3.-4. Schuljahr
Hörverstehen trainieren – Bestell-Nr. 11 338

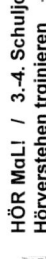

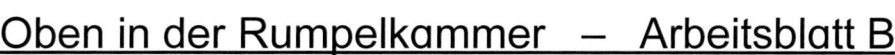

Oben in der Rumpelkammer – Arbeitsblatt B

In jeder Zeile ist ein Gegenstand, der nicht in dieser Rumpelkammer zu finden ist.
Streiche ihn durch.

Kugelschreiber	Bleistift	Bücher	Bettgestell
Kasperlefigur	Damenhüte	Knöpfe	Duplosteine
Hammer	Kleiderstoff	Lenkdrachen	Weste
Goldfisch	Blumenvase	Blumensamen	Bilderrahmen
Henne	Aktentasche	Laptop	Einkaufstüte
Gardinenreste	Sonnenschirm	Regenschirm	Reisetasche
Kaffeemaschine	Messer	Gabel	Nachtgeschirr
Wäscheleine	Trillerpfeife	Teddybär	Puppenwagen
Hase	Bratpfanne	Nagelschere	Suppenschüssel
Löwenfell	Schlüssel	Motorboot	Segelschiff

Oft hast du noch Beschreibungen zu den einzelnen Gegenständen gehört.
Erinnerst du dich? Schreibe das Passende zusammen.

~~Hase~~	ganz aus Gold	**ein kleiner bunter Hase**
Weste	ohne Beine	_____
Bilderrahmen	ausgestopft	_____
Schlösser	rot kariert	_____
Puppe	mit und ohne Schlüssel	_____
Kugelschreiber	verstaubt	_____
Henne	ohne Miene	_____
Löwenfell	~~klein bunt~~	_____

HÖR MaL! / 3.-4. Schuljahr
Hörverstehen trainieren – Bestell-Nr. 11 338
KOHL VERLAG

Gewitter

von Josef Guggenmos

TRACK 29 <u>Gesamtdauer</u>: 1:10

ZUM INHALT Ein Gewitter ist ein Naturereignis, das die Kinder besonders be-eindruckt und manchmal auch ängstigt. In bildhafter Sprache beschreibt Josef Guggenmos den Ablauf eines Gewitters: Es kündigt sich an, es findet statt und verzieht sich wieder.

LERNZIELE Bildliche Vorstellungskraft schulen, Vergleiche finden.

DURCHFÜHRUNG Einstieg: Erlebtes Gewitter oder Gewitterbild.
Gespräch über Gewitter, Geräusche, Gefühle und Ängste.
Die Kinder hören das Gedicht und sprechen frei über die Eindrü-cke. Mit den folgenden Fragen kann die Lehrperson gezielt auf das Gedicht von Josef Guggenmos eingehen:

- Die Wolken werden mit Tieren und Fabelwesen verglichen. Mit welchen? (graue Mäuse, Riesen, Elefanten, Ungeheuer)
- Wie wird der Blitz sprachlich dargestellt, resp. verstärkt? (zickzack, blitzschnell)
- Wie wird der Klang des Donners erklärt? (als würden dreißig Drachen auf Kommando lachen)
- Was beschreibt der längste Abschnitt des Gedichtes? (Wie das Gewitter sich über der Stadt entleert.)
- Welche Menschen/Tiere werden erwähnt? (drei Tanten, Katzen)

Arbeitsblatt A und/oder Arbeitsblatt B

VORARBEIT Gewusel = umgangssprachlich für „viele" und „Durcheinander"
Dronten = Name des Kaufhauses
Allee = Straße, die auf beiden Seiten Bäume hat
Kommando = Befehl

WEITERFÜHRUNG Das Gedicht eignet sich hervorragend zur Vertonung, resp. für eine Klanggeschichte. Die Kinder versuchen die Stimmungen eines Gewitters (Blitz und Donner, den prasselnden Regen), mit Instrumen-ten umzusetzen.

Die Reimwörter sind nicht immer sofort erkennbar. Die Kinder su-chen und schreiben die Reimwörter, die sie finden.

Zeichnen: Die Kinder zeichnen im Vordergrund Häuserfronten ei-ner Stadt, dahinter die aufziehenden Gewitterwolken mit Blitzen.

HÖR MaL! / 3.-4. Schuljahr
Hörverstehen trainieren — Bestell-Nr. 11 338
Lernen mit Erfolg
KOHL VERLAG

Gewitter

Hinter dem Schlossberg kroch es herauf:
Wolken – Wolken!
Wie graue Mäuse,
ein ganzes Gewusel.

Zuhauf
jagten die Wolken gegen die Stadt.
Und wurden groß
und glichen Riesen
und Elefanten
und dicken, finsteren Ungeheuern,
wie sie noch niemand gesehen hat.

„Gleich geht es los!",
sagten im Kaufhaus Dronten
drei Tanten
und rannten heim, so schnell sie konnten.
Da fuhr ein Blitz
mit hellichtem Schein,
zickzack,
blitzschnell
in einen Alleebaum hinein.

Und ein Donner schmetterte hinterdrein,
als würden dreißig Drachen
auf Kommando lachen,
um die Welt zu erschrecken.
alle Katzen in der Stadt
verkrochen sich
in die allerhintersten Stubenecken.

Doch jetzt ging ein Platzregen nieder!
Die Stadt war überall
nur noch ein einziger Wasserfall.
Wildbäche waren die Gassen.

Plötzlich war alles vorüber,
die Sonne kam wieder
und blickte vergnügt
auf die Dächer, die nassen.

Josef Guggenmos

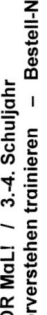

HÖR MaL! / 3.-4. Schuljahr
Hörverstehen trainieren – Bestell-Nr. 11 338

KOHL VERLAG

Gewitter – Arbeitsblatt A

Erinnerst du dich? Setze die passenden Wörter aus der Wolke ein.

Hinter dem Schlossberg kroch es herauf:
Wolken – Wolken!
Wie graue _____,
ein ganzes Gewusel.

Zuhauf
jagten die Wolken gegen die _____.
Und wurden groß
und glichen Riesen
und _____
und dicken, finsteren Ungeheuern,
wie sie noch niemand gesehen hat.

„Gleich geht es _____!",
sagten im _____ Dronten
drei _____
und rannten heim, so schnell sie konnten.

Da fuhr ein _____
mit helllichtem Schein,
_____,
blitzschnell
in einen _____ hinein.

Und ein Donner schmetterte hinterdrein,
als würden _____ Drachen
auf Kommando lachen,
um die _____ zu erschrecken.
Alle _____ in der Stadt
verkrochen sich
in die allerhintersten Stubenecken.

Doch jetzt ging ein Platzregen nieder!
Die Stadt war überall
nur noch ein einziger _____.
Wildbäche waren die Gassen.

_____ war alles vorüber,
die _____ kam wieder
und blickte vergnügt
auf die _____, die nassen.

Alleebaum
Katzen
Stadt   Mäuse   Dächer
Plötzlich   Tanten
Elefanten
zickzack   Blitz
Wasserfall
Welt
dreißig   Kaufhaus
Sonne
los

HÖR MaL! / 3.-4. Schuljahr
Hörverstehen trainieren – Bestell-Nr. 11 338
KOHL VERLAG

Gewitter – Arbeitsblatt B

Zeichne zu jedem Abschnitt ein kleines passendes Bild.
Nummeriere die Abschnitte der Reihe nach.

		Da fuhr ein Blitz mit helllichtem Schein, zickzack, blitzschnell in einen Alleebaum hinein.
		Doch jetzt ging ein Platzregen nieder! Die Stadt war überall nur noch ein einziger Wasserfall. Wildbäche waren die Gassen.
		Plötzlich war alles vorüber, die Sonne kam wieder und blickte vergnügt auf die Dächer, die nassen.
		Zuhauf jagten die Wolken gegen die Stadt. Und wurden groß und glichen Riesen und Elefanten und dicken, finsteren Ungeheuern, wie sie noch niemand gesehen hat.
		Und ein Donner schmetterte hinterdrein, als würden dreißig Drachen auf Kommando lachen, um die Welt zu erschrecken. Alle Katzen in der Stadt verkrochen sich in die allerhintersten Stubenecken.
		Hinter dem Schlossberg kroch es herauf: Wolken – Wolken! Wie graue Mäuse, ein ganzes Gewusel.
		„Gleich geht es los!", sagten im Kaufhaus Dronten drei Tanten und rannten heim, so schnell sie konnten.

HÖR MaL! / 3.-4. Schuljahr
Hörverstehen trainieren – Bestell-Nr. 11 338
KOHL VERLAG

Ich kenne einen Cowboy

TRACK 30	<u>Gesamtdauer</u>: 0:48
ZUM INHALT	Lied aus „ajele" – 40 bewegte Singspiele, rex verlag luzern
	Es ist eines der zahlreichen überlieferten Bewegungslieder, die schon vielen Kindern Spaß gemacht haben und immer noch machen.
LERNZIELE	Freude an Bewegung und Gesang, Koordination, Motorik.
DURCHFÜHRUNG	Die Kinder hören den Anfang des Liedes von der CD. Vielleicht kennen es einige bereits. Die Melodie ist einfach und schnell eingeübt. Die Lehrperson erarbeitet mit den Kindern die weiteren Strophen. Die Kinder erfinden evtl. selber Bewegungen dazu.
	Ansonsten sind auf dem Arbeitsblatt Angaben zu den Bewegungen. Die Kinder verbinden die passende Bewegung mit dem Text.

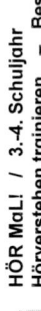

HÖR MaL! / 3.-4. Schuljahr
Hörverstehen trainieren – Bestell-Nr. 11 338

KOHL VERLAG

Ich kenne einen Cowboy

Lied mit Bewegungen

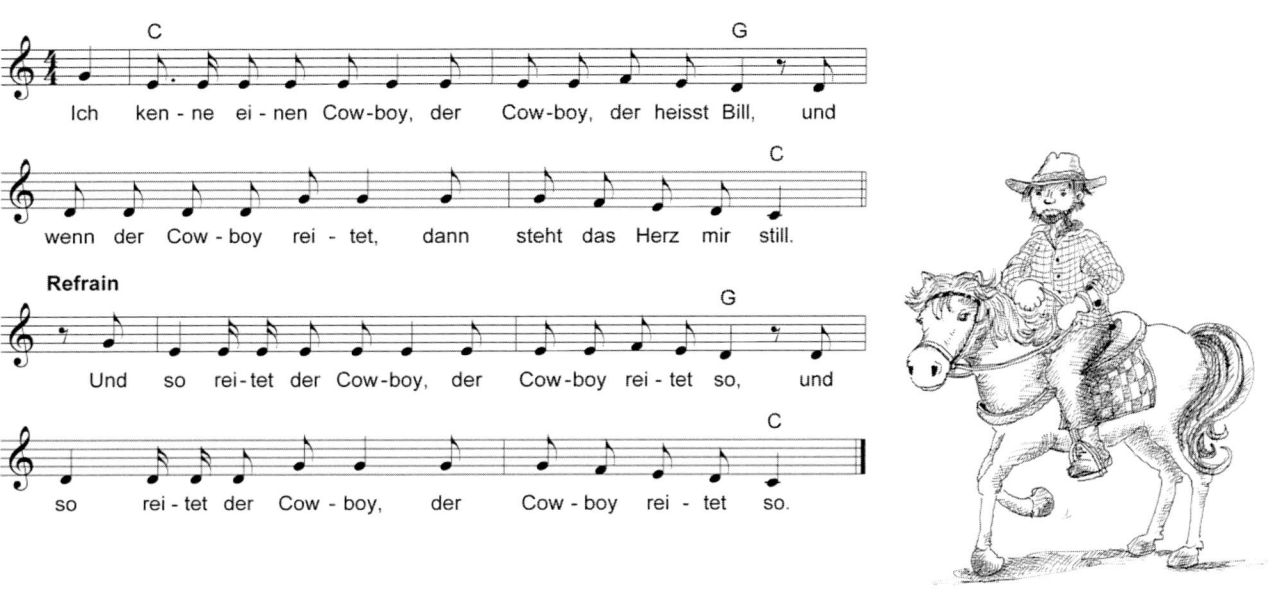

Ich ken-ne ei-nen Cow-boy, der Cow-boy, der heisst Bill, und
wenn der Cow-boy rei-tet, dann steht das Herz mir still.

Refrain

Und so rei-tet der Cow-boy, der Cow-boy rei-tet so, und
so rei-tet der Cow-boy, der Cow-boy rei-tet so.

Verbinde die Strophen mit den passenden Bewegungen.

Und so reitet der Cowboy ...	Lasso schwingend mit dem Arm über dem Kopf kreisen
Und so macht das Pferdchen ...	im Takt Glas zum Mund führen und trinken
Und so macht der Strohhut ...	mit den Händen die Zügel halten, in die Knie gehen und im Takt wippen
Und so macht die Jacke ...	Finger anwinkeln und im Takt „schießen"
Und so macht der Stiefel ...	Galopp-Hüpfen
Und so macht das Lasso ...	wiederholt mit dem Hut grüßen
Und so macht der Whisky ...	Bein schwingen
Und so schießt der Cowboy ...	mit den angewinkelten Ellbogen wippen (Jacke geht auf und zu)

HÖR MaL! / 3.-4. Schuljahr
Hörverstehen trainieren – Bestell-Nr. 11 338

Lernen und Lehren
KOHL VERLAG

6 Die Lösungen

1 Aufgaben ohne CD

Seite 10: Welche Frage gehört zur Antwort? - Arbeitsblatt C

Beispiele:

Wo habt ihr die Ferien verbracht?
Was hast du dort alles gemacht?
Wann seid ihr zurückgekommen?
Wie war das Wetter?
Wann gehst du wieder zur Schule?
Warum humpelst du?
Warst du im Krankenhaus?
Möchtest du auch von diesen „sauren Schlangen" probieren?
Kommst du am Sonntag mit uns aufs Boot?

Seite 12: Wer ist der Dieb?

Der Dieb ist der Mann unten in der Mitte. Er hat blonde Haare, trägt einen Ohrring und ein grünes T-Shirt.

2 Geräusche

Seite 14: Geräusche I

Welcher Ton ist höher?	X	
Wer jubelt lauter?	X	
Wer geht schneller?		X
Welches Herz schlägt schneller?	X	
Wo regnet es weniger stark?		X
Wer schreibt schneller auf der Computertastatur?	X	
Welcher Storch klappert länger?	X	
Welcher Wasserhahn tropft weniger schnell?		X

Welcher Bach führt weniger Wasser?		X
Wo zwitschern mehr Vögel?	X	
Welches Postauto ist näher bei uns?	X	
Welcher Specht ist weiter weg?		X
Welcher Hahn kräht näher bei uns?		X
Welche Kirchenglocken sind weiter weg?		X
Welcher Traktor fährt auf uns zu?	X	
Welches Flugzeug startet?	X	
Welcher Helikopter landet?		X

HÖR MaL! / 3.-4. Schuljahr
Hörverstehen trainieren – Bestell-Nr. 11 338
KOHL VERLAG

6 Die Lösungen

2 Geräusche

Seite 14: Geräusche II

Welches ist der tiefste Ton?		X	
Welcher Applaus ist am stärksten?	X		
Wer pfeift am längsten?			X
Wo hörst du die meisten verschiedenen Tiere?		X	
Welches Pferd ist am schnellsten?		X	
Welches Gewitter ist am weitesten weg?			X
Welche Schulglocke läutet am längsten?		X	
Welches Geräusch klingt für dich am härtesten?			

Wer pfeift am kürzesten?	X		
Welcher Applaus ist am schwächsten?		X	
Welches ist der höchste Ton?		X	
Wo hörst du die wenigsten verschiedenen Tiere?	X		
Welches Pferd ist am langsamsten?		X	
Welches Gewitter ist ganz nah?			X
Welche Schulglocke läutet am kürzesten?	X		
Welches Geräusch klingt für dich am wärmsten?			

3 Informationen & Sachtexte

Seite 17: Im Flugzeug - Arbeitsblatt A

Guten Tag, liebe Kinder.	
Hier spricht Ihr Flugkapitän Jakob Schmid.	X
Ich heisse Sie im Namen von Lufthansa herzlich willkommen.	
Die Besatzung von Swiss wird in London zusteigen.	
Sie befinden sich an Bord des Airbusses 320, Richtung London.	X
Es ist 12 Uhr.	
Wir sind auf der Startpiste.	X
Der Flug dauert etwa 75 Minuten.	X

In wenigen Minuten können wir landen.	
Unsere Reiseflughöhe ist weniger als 100 Meter.	
Es ist klares Wetter.	X
Sie werden die Städte Basel, Paris und Calais sehen können.	X
Nach der Überquerung des Beinelkanals landen wir in London.	
Das Wetter in London: Es ist regnerisch bei minus zwei Grad.	
Flugkapitän Jakob Schmid und seine Crew wünschen Ihnen einen angenehmen Flug.	X

Seite 18: Im Flugzeug - Arbeitsblatt B

Der Flugkapitän heißt **Jakob Schmid.**
Er arbeitet bei der Fluggesellschaft **Swiss.**
Das Flugzeug ist kurz vor dem **Start.**
Der Flugzeugtyp heißt **Airbus.**
Der Flug geht nach **London.**
Wie spät ist es jetzt? **18 Uhr**
Wie lange dauert der Flug? **75 Minuten**

HÖR MaL! / 3.-4. Schuljahr
Hörverstehen trainieren – Bestell-Nr. 11 338
KOHL VERLAG

3 Informationen & Sachtexte

Seite 18: Im Flugzeug - Arbeitsblatt B

Die Reisehöhe ist über **zehntausend** Meter.
Wie ist das Wetter in London? **leicht bedeckt und 15 Grad Celsius**
Schreibe eine Stadt auf, welche die Passagiere sehen können: **Basel, Paris, Calais**
Was wird zwischen Frankreich und England überquert? **Ärmelkanal**
Um 18 Uhr startet das Flugzeug, um 18.20 Lokalzeit landet es in England. Da stimmt
doch etwas nicht? Erkläre. **England hat eine Stunde Zeitverschiebung. Das heißt,
du musst die Uhr eine Stunde zurückstellen.**
Das Team, das das Flugzeug begleitet, heißt hier **Besatzung** oder **Crew**.
Hast du bemerkt, dass der Flugkapitän am Anfang der Ansagen einen Fehler
macht? Korrekt sollte er sagen: „**Guten Abend**" und „**Good evening**".

Seite 19: Im Flugzeug - Arbeitsblatt C

1.   <u>Diese Sätze kommen vor</u>: b), c), f), g)

2.   **a)** morning;   **b)** minutes;   **c)** weather

Seite 21: Wer klopft denn da? - Arbeitsblatt A

- Buntspecht
- Er hält sich mit seinen spitzen gebogenen Krallen fest.
  Er stützt sich mit seinen starken Schwanzfedern ab.
- Das ist mein Revier, hier hast du nichts zu suchen.
  Ich suche eine Partnerin.
- Sie picken Höhlen in alte, morsche Bäume.

- Er hackt kleine Löcher in die Rinde. Mit seiner langen klebrigen Zunge holt er Käfer und Larven
  hervor.
- Das sind abgestorbene Bäume.
- Vogelgezwitscher im Wald, Trommelwirbel eines Spechtes

Seite 22: Wer klopft denn da? - Arbeitsblatt B

- Der **schwarzweiße** Vogel mit den roten Flecken ist ein **Buntspecht**.
- Er hackt Löcher in die **Rinde** und holt mit **seiner langen klebrigen Zunge** Käfer und
  Larven heraus.
- Mit seinem **starken/harten** Schnabel kann er auch **Höhlen** in den Stamm picken.
- Er sucht sich das **morsche** Holz von absterbenden **Bäumen** aus.
- Spechte zimmern die **Höhlen** gemeinsam. Sie **schlafen** und brüten darin.
- In die verlassenen Spechthöhlen ziehen **Fledermäuse** und andere **Tiere** ein.

Seite 24: Vor Eichen sollst du weichen ..... - Arbeitsblatt A

<u>Falsche Aussagen richtig geschrieben</u>:

- Gewässer, Aussichtstürme, Berggipfel und Masten sind bei Gewittern gefährliche Orte.
- Der Blitz sucht sich oft die höchsten Punkte.
- Eichen werden nicht häufiger vom Blitz getroffen als andere Bäume, man sieht einfach
  die Brandspuren besser.

HÖR MaL! / 3.-4. Schuljahr
Hörverstehen trainieren – Bestell-Nr. 11 338

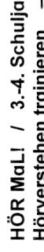
Lernen mit Erfolg
KOHL VERLAG

3 Informationen & Sachtexte

Seite 25: Vor Eichen sollst du weichen ..... - Arbeitsblatt B

• Wenn ich während eines Gewitters im Freien bin und keinen Schutz in einem Gebäude oder Auto finde, suche ich eine möglichst tiefe Stelle im freien Feld. Ich setze mich hin oder gehe in die Hocke. Ich lasse die Füße nahe beisammen, so biete ich dem Blitz die kleinste Angriffsfläche.

• 6 Sekunden : 3 = 2 Das Gewitter ist 2 Kilometer entfernt.

• ~~doch die Buchen musst du suchen~~

Seite 26: Vor Eichen sollst du weichen ..... - Arbeitsblatt C

1. <u>Eiche</u>: dicke, zerklüftete Rinde, Blitze hinterlassen Brandspuren, saugt Wasser auf wie ein Schwamm
   <u>Buche</u>: ohne sichtbare Schäden, Wasser leitet Blitz direkt in den Boden, bleibt außen nass, glatte Rinde

2. Nein, es macht keinen Unterschied.

3. <u>Richtig</u>: Der Blitz fährt über den Baum in den Boden und dann in den Menschen.

4. der Kirchturm oder Funkmasten

5. der Volksmund

Seite 28: Schlangengift - Arbeitsblatt A

1. <u>Richtige Aussagen</u>: d), e), g)

2. Schlangen müssen in eine Folie beißen, die über einen Behälter gespannt ist. Dann fließt das Gift in den Behälter.

3. Andere Tiere wie zum Beispiel Ziegen, Kühe oder Schafe werden auch gemolken.

Seite 29: Schlangengift - Arbeitsblatt B

1. a) Schlangen sind gute Jäger, weil sie ihre Beute nicht sehen müssen, um zu wissen, wo und wie groß sie ist.
   b) Es kann uns helfen, weil daraus Medikamente gemacht werden.
   c) Die Schlangen leben auf Schlangenfarmen.

2. Die Schlange fühlt die Bodenerschütterungen. Sie schmeckt den Duft der Ratte durch die gespaltene Zunge. Durch die Wärmesensoren an den Augen kann sie ihre Beute „vermessen". Sie nutzt ihre Giftzähne, welche die Beute lähmen. Sie muss die Beute nicht kauen, da sie mit dem Gift verdaut wird.

Seite 31: Ein Ritter wird erzogen - Arbeitsblatt A

1. <u>Richtige Aussagen</u>: b), d), e), g)

2. a) Pagen wurden mit 7 Jahren von Männern unterrichtet.
   b) Reiten, schwimmen, Bogen schießen, Faustkampf und Vogelfallen aufstellen.
   c) Kampftechniken mit der Lanze, Schwert, Streitaxt und Streitkolben.

HÖR MaL! / 3.-4. Schuljahr
Hörverstehen trainieren – Bestell-Nr. 11 338

Lernen mit Erfolg
KOHL VERLAG

3 **Informationen & Sachtexte**

Seite 32: Ein Ritter wird erzogen - Arbeitsblatt B

1. a) Lehrer des angehenden Ritters waren sein Vater, seine Brüder oder ein Erzieher.
   b) Mit 14 Jahren.
   c) Sie waren beliebt, weil man dort auf sich aufmerksam machen konnte und die Gelegenheit hatte, Adlige kennen zu lernen, die für die Karriere nützlich sein konnten.

Seite 33: Ein Ritter wird erzogen - Arbeitsblatt C

1. Mit 7 Jahren wurde der Page von Männern unterrichtet und lernte wichtige Fähigkeiten, die ein Ritter beherrschen musste. Mit 14 Jahren verließ er das Elternhaus und setzte seine Ausbildung als Knappe an einem anderen Hof fort. Dort lernte er Kampftechniken und gute Manieren.

2.

Wort aus dem Text	Reimwort
Ritter	bitter
Page	Etage
werfen	
schießen	beschließen
Leiter	Reiter
Hof	doof
streiten	begleiten
Lanze	Schanze
Buch	Tuch
Tisch	Fisch

Seite 35: Tiger - Arbeitsblatt A

1. a) Tiger sind die größten Katzen und leben im Dschungel.
   b) Mit ihrem getigerten Fell sind sie perfekt getarnt.
   c) Sie jagen am liebsten zu kühlen Tageszeiten.
   d) Das Wildschwein und der Büffel sind beliebte Beutetiere.
   e) Tiger fressen Aas, das heißt, sie kommen immer wieder zum geschlagenen Beutetier zurück.
   f) Ein Beutetier wird im Sprung von vorne angegriffen und zu Boden gerissen.

Seite 36: Tiger - Arbeitsblatt B

1. <u>Richtige Aussagen:</u> a), c), d), f), h)   <u>Lösungswort:</u> TIGER

2. a) Tiger leben in Indien in den Urwäldern.
   b) Tiger gegen Wildschweine und Büffel, aber auch Eidechsen, Frösche und Krokodile werden von ihnen gefressen.
   c) Ein ausgewachsener Tiger frisst 27 kg Fleisch pro Mahlzeit.

HÖR MaL! / 3.-4. Schuljahr
Hörverstehen trainieren – Bestell-Nr. 11 338

KOHL VERLAG

3 Informationen & Sachtexte

Seite 38: Die Zungenkarte - Arbeitsblatt A

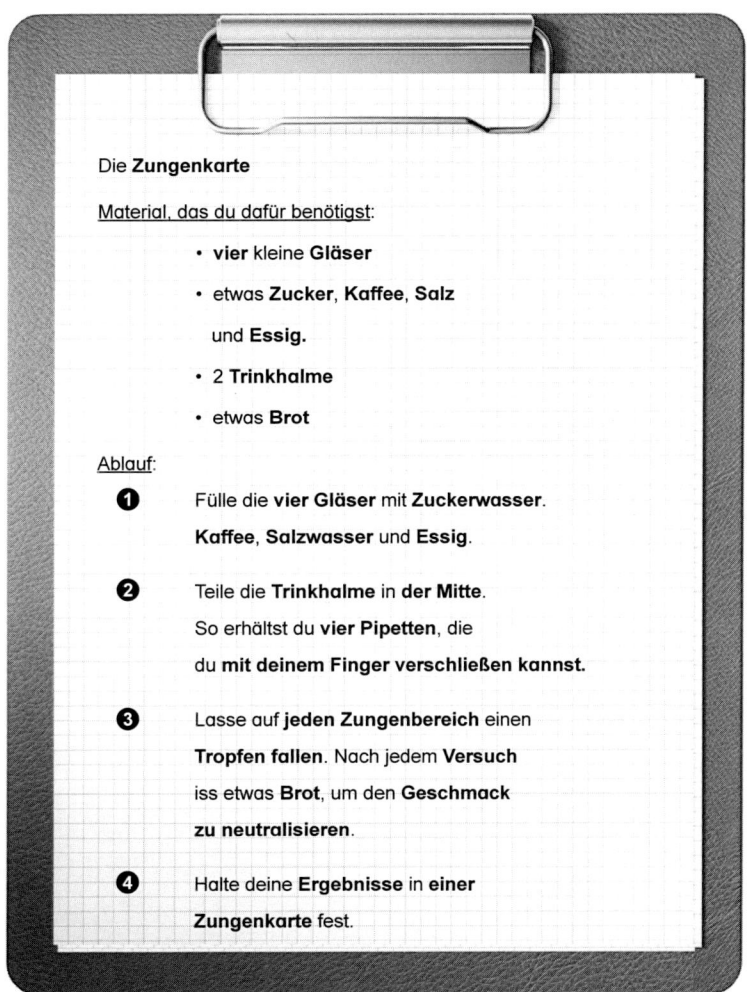

Die **Zungenkarte**

Material, das du dafür benötigst:

- **vier** kleine **Gläser**
- etwas **Zucker, Kaffee, Salz** und **Essig.**
- 2 **Trinkhalme**
- etwas **Brot**

Ablauf:

❶ Fülle die **vier Gläser** mit **Zuckerwasser. Kaffee, Salzwasser** und **Essig.**

❷ Teile die **Trinkhalme** in **der Mitte.** So erhältst du **vier Pipetten,** die du **mit deinem Finger verschließen kannst.**

❸ Lasse auf **jeden Zungenbereich** einen **Tropfen fallen.** Nach jedem **Versuch** iss etwas **Brot,** um den **Geschmack zu neutralisieren.**

❹ Halte deine **Ergebnisse** in **einer Zungenkarte** fest.

Seite 39: Die Zungenkarte - Arbeitsblatt B

1. a) süß, sauer, bitter, salzig
   b) Zucker, Kaffee, Salz, Essig, Brot
   c) Brot

2. Richtige Reihenfolge (von oben nach unten): 2, 4, 3, 1

Seite 40: Die Zungenkarte - Arbeitsblatt C

1. Richtige Aussagen: a), c), d), g)

2.

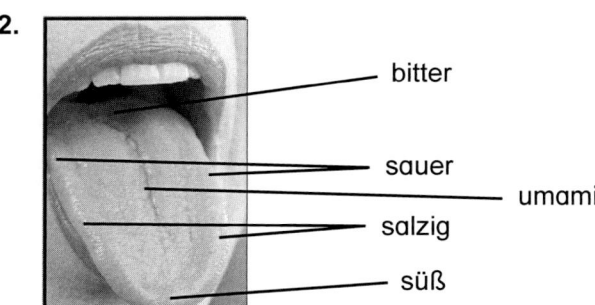

bitter

sauer

umami

salzig

süß

HÖR MaL! / 3.-4. Schuljahr
Hörverstehen trainieren – Bestell-Nr. 11 338

KOHL VERLAG

3 **Informationen & Sachtexte**

Seite 42: Skicross - Arbeitsblatt A

- Beim Skicross fahren vier Skifahrer oder Skifahrerinnen gleichzeitig die Piste herunter.
- Sie kämpfen im so genannten KO-System um den Sieg.
- Ein Heat ist ein Lauf.
- Die ersten zwei eines Heats kommen eine Runde weiter.
- Die vier Fahrerinnen und Fahrer, die es bis zum Schluss schaffen, teilen im Finalheat die Medaillen unter sich auf.
- Die Skicrossstrecke ist gespickt mit Hindernissen, Buckelpassagen, Wellen und Steilwandkurven.
- Die Fahrer donnern mit großem Tempo hinunter, riskieren halsbrecherische Sprünge und versuchen mit engen Überholmanövern und Fights sich den besten Platz zu sichern.
- Skicross ist eine junge Disziplin und wurde 2010 erstmals bei Olympischen Spielen durchgeführt.
- Bei den Winterspielen in Vancouver hat doch tatsächlich der Schweizer Mike Schmid die erste Olympia-Goldmedaille in dieser Disziplin geholt.
- Es braucht hohe technische und mentale Fähigkeiten, um diesen Kampf gegeneinander auszuhalten und zu gewinnen
- Auf dem obersten Podestplatz steht ein fast schüchterner, freundlicher Mike Schmid.
- Er ist aus der Schweiz und wird als gängiger Typ bezeichnet.
- Ein gängiger Typ ist ein guter Kumpel.

Seite 43: Skicross - Arbeitsblatt B

Lösungswort: MIKE SCHMID

4 **Hörspiele, Geschichten & Märchen**

Seite 45: Robinson Crusoe - Arbeitsblatt A

- Ein Mann versucht auf einer unbewohnten Insel zu überleben.
- Robinson ist einsam.
  Robinson gelingt es nicht, ein Feuer zu machen.
- aus Schlingpflanzen
  aus Muscheln
- Er fängt eine Ziege mit Jungen und sorgt für die Tiere.
  Er spricht mit sich selbst.
- Er klopft das Fleisch mit Steinen, bis es weich und zart ist.
  Er salzt das Fleisch mit Meerwasser.

Seite 46: Robinson Crusoe - Arbeitsblatt B

Lösungswort: Ziegenherde

- Robinson ist 6 Wochen und 3 Tage auf der Insel oder
- Robinson ist 1 Monat, 2 Wochen und drei Tage auf der Insel.

HÖR MaL! / 3.-4. Schuljahr
Hörverstehen trainieren – Bestell-Nr. 11 338

KOHL VERLAG

4 Hörspiele, Geschichten & Märchen

Seite 49: Die Fliege und die Spinne - Arbeitsblatt B

Fliege:	Spinnst du?
Spinne:	Ja, ich spinne, weil ich eine Spinne bin und du fliegst, weil du eine Fliege bist.
Fliege:	Aber fliegen ist besser.
Spinne:	Ich fliege auch. Ich schwebe an meinen Fäden.
Fliege:	Nein, du fliegst nicht, du hängst an einem Faden.
Spinne:	Lass mich jetzt spinnen. Ich will bis zum Abend fertig sein mit dem Netz.
Fliege:	Das ganze Netz willst du bis zum Abend fertig gesponnen haben? Du spinnst ja.
Spinne:	Ja. Sicher werde ich fertig sein mit dem Netz, wenn du mich nur machen lässt. – Komm doch am Abend wieder und schau es dir an.
Fliege:	Gut, ich komme zurück. Auf Wiedersehen!
Spinne:	Gut, sie kommt zurück. Sehr gut.

Seite 52: Der Frosch, der so groß wie ein Ochse sein wollte - Arbeitsblatt A

Richtige Reihenfolge (von oben nach unten): 4, 5, 7, 8, 1, 2, 6, 3

Seite 53: Der Frosch, der so groß wie ein Ochse sein wollte - Arbeitsblatt B

Ein Frosch hockte auf einem Seerosenblatt am Rande des Weihers. Da sah er auf der Weide einen Ochsen, der ihm sehr prächtig vorkam. Der Ochse hatte starke Muskeln und sein Fell glänzte in der Sonne. Schnaubend konnte er aus seinen Nüstern weiße Atemwolken blasen.

Voller Neid versuchte der Frosch sich auszudehnen. Er blähte sich auf und mühte sich ab. Er wollte unbedingt ebenso groß und mächtig werden.
„Schau her, mein Bruder. Ist es genug, hab ich es schon geschafft?", fragte er den Ochsen.
„Keineswegs!", brummte der Ochse.

Der Frosch pumpte sich weiter auf. „Und jetzt?", flehte er.
„Weit davon entfernt!", antwortete der Ochse gelangweilt.
„Und nun?", flüsterte der Frosch verzweifelt.
„Du schaffst es einfach nicht!", meinte der Ochse verächtlich.

Der Frosch wollte nicht einsehen, dass sein Vorhaben unmöglich war.
Er schluckte starrköpfig noch mehr Luft, blies sich mit letzter Kraft noch mehr auf – bis er schließlich platzte.

Seite 55: Wie man sich vor Räubern schützt - Arbeitsblatt A

- die Räuber
- Sie hatte Angst, dass Räuber sie hören.
- Papa war ganz nass.

- Es blitzt und donnert. Es regnet in Strömen, es ist düster und vielleicht stürmt es dazu.
- Schnuffi, der Dackel, soll die Räuber beißen.
  Kasimir, der Kater, könnte einem Räuber die Augen auskratzen.
  Die Kinder hängen einen Eimer voll Wasser über der Türe auf. Wenn die Räuber dann hereinschleichen, fällt ihnen der Eimer auf den Kopf.
- Plötzlich hörten sie ein Geschrei. Die Räuber? Nein es war Papa, der nachschauen wollte, ob sie gut schlafen. Er stand auf der Türschwelle, war ganz nass und hatte den Eimer auf dem Kopf. Die beiden Kinder wussten nicht, ob sie lachen oder weinen sollten.

HÖR MaL! / 3.-4. Schuljahr
Hörverstehen trainieren – Bestell-Nr. 11 338

6 Die Lösungen

4 Hörspiele, Geschichten & Märchen

Seite 56: Wie man sich vor Räubern schützt - Arbeitsblatt B

Klara, darf ich zu dir ins Bett kommen?
Komm, aber ganz leise!
Warum leise?
Damit niemand hört, dass wir hier sind.
Wer soll das hören?
Räuber!
Räuber?

Werden jetzt Räuber kommen?
Ich weiß es nicht.
Warum sagst du das dann?
Weil draußen so ein räuberisches Wetter ist.
Bitte, Klara, flüstere nicht so.
Warum? So wird uns kein Räuber hören.
Aber ich kriege noch mehr Angst, wenn du so flüsterst.
Gut, dann flüstere ich nicht mehr.

Seite 59: Der Däumling - Arbeitsblatt A

1. a) Er verkauft ihn, um an Geld zu kommen und weil er weiß, dass der Däumling wieder zurückkommt.
   b) Weil er so weit von zuhause weg war und immer weiter weg getragen wurde.
   c) Ein Mauseloch.
   d) Er wurde von einer Kuh und einem Wolf gefressen.

2. a) rief;   b) unruhig;   c) befahl

Seite 60: Der Däumling - Arbeitsblatt B

1. <u>Richtige Aussagen:</u> a), b), c), e), g)

2. a) Pferd
   b) Fremden
   c) Jahrmärkten
   d) Hutkrempe
   e) Vögel (Ö = OE)
   f) Erdbrocken
   g) Flucht
   h) stocherten   Lösungswort: MAUS

Seite 62: Der gestiefelte Kater - Arbeitsblatt A

1. <u>Richtige Reihenfolge (von oben nach unten):</u> 5, 6, 1, 3, 7, 4, 2, 8

2. a) Kutscher
   b) Würfelpartie
   c) Kleider, Kater
   d) Graf, Wasser

HÖR MaL! / 3.-4. Schuljahr
Hörverstehen trainieren – Bestell-Nr. 11 338
KOHL VERLAG

6 Die Lösungen

4 Hörspiele, Geschichten & Märchen

Seite 63: Der gestiefelte Kater - Arbeitsblatt B

1. a) Der gestiefelte Kater hatte sich beim König mit Rebhühnern eingeschmeichelt.
   b) Aus der Würfelpartie wurde nichts.
   c) Der König ließ prächtige Kleider holen, Hans stieg aus dem Wasser und fuhr in der Kutsche mit.

2. a) Der Vater hatte dem König Rebhühner geschenkt und sich so bei ihm eingeschmeichelt.
   b) Der Kutscher schimpfte, weil der König und die Prinzessin am See spazieren wollten.
   c) Der König ließ prächtige Kleider holen und Hans kam aus dem Wasser.

5 Rätsel, Witze, Gedichte & Lieder

Seite 65: Wer bin ich? - Arbeitsblatt A

Harry Potter, Roger Federer

Seite 66: Wer bin ich? - Arbeitsblatt B

(Stein)Adler

Seite 67: Wer bin ich? - Arbeitsblatt C

a) <u>ROT</u> eingekreist:

b) <u>GRÜN</u> eingekreist:

HÖR MaL! / 3.-4. Schuljahr
Hörverstehen trainieren – Bestell-Nr. 11 338
KOHL VERLAG

5 **Rätsel, Witze, Gedichte & Lieder**

Seite 67: Wer bin ich? - Arbeitsblatt C

c) **GELB** eingekreist:

d) Lösungswort: FUSSBALL (Fußball)

2. Lösungswort: SCHNEEWITTCHEN

Seite 69: Teekesselraten - Arbeitsblatt A

Gipfel, Blätter, Nadel, Noten, Nagel

Seite 72: Witze

Emil fragt seine Lehrerin: „Kann man bestraft werden für etwas, das man nicht gemacht hat?" „Nein", natürlich nicht, „meint die Lehrerin".„Gut", sagt Emil erleichtert, „ich habe nämlich meine Hausaufgaben nicht gemacht".

Emil fragt den Taxifahrer: „Wie viel kostet die Fahrt für mich bis zur Schule?"
„25 Euro", antwortet der Taxifahrer. „Und wie viel kostet die Schultasche?"
„Die Schultasche kostet nichts." Emil meint: „Prima, dann fahren Sie bitte die Schultasche zur Schule. Ich gehe zu Fuß."

Die Zeichenstunde ist vorbei, die Kinder sind in der Pause. „Stell dir vor, unsere Lehrerin hat noch nie ein Pferd gesehen", sagt Emil zu seinem Freund. Der Freund schüttelt den Kopf: „Das glaube ich nicht." „Doch!", beteuert Emil, „ich habe vorher ein Pferd gezeichnet und sie hat gefragt, was das denn sein soll."

HÖR MaL! / 3.-4. Schuljahr
Hörverstehen trainieren – Bestell-Nr. 11 338

KOHL VERLAG

5 Rätsel, Witze, Gedichte & Lieder

Seite 74: Oben in der Rumpelkammer - Arbeitsblatt A

```
D A M E N H Ü T E . . . . . . K
. G S U P P E N S C H Ü S S E L
. A . E . . B L U M E N V A S E
. R . N . . . . . . . . . . . I
. D . D . . . . . . . . . . . D
. I . E W Ä S C H E L E I N E E
. N . L . . . . . . . . . . . R
. E B L U M E N S A M E N . . S
. N . H . . . . . . . . . T . T
. R . R . . . . . . . . . Ö . O
B E T T G E S T E L L . . P . F
. S . . . . . . . . . . . F . F
T E D D Y B Ä R . . . . . E . .
. E . R E I S E T A S C H E . .
```

Töpfe	Knöpfe
Suppenschüssel	Schlösser mit und ohne Schlüssel
Reisetasche	Segelschiff in einer Flasche
Gardinenreste	rot karierte Weste
Blumensamen	Bilderrahmen
Teddybär	hundert Bücher ungefähr
Wäscheleine	eine Puppe ohne Beine
Pendeluhr	Kasperlefigur
Bettgestell	verstaubtes Löwenfell
Blumenvase	kleiner bunter Hase
Damenhüte	Einkaufstüte

<u>Für dieses Wort findest du kein Reimwort</u>: Kleiderstoff

Seite 75: Oben in der Rumpelkammer - Arbeitsblatt B

<u>Diese Gegenstände wurden nicht erwähnt</u> *(von oben nach unten)*:

Bleistift, Duplosteine, Lenkdrachen, Goldfisch, Laptop, Sonnenschirm, Kaffeemaschine, Puppenwagen, Bratpfanne, Motorboot

eine rot karierte Weste, ein Bilderrahmen ganz aus Gold, Schlösser mit und ohne Schlüssel, eine Puppe ohne Beine, ein Kugelschreiber ohne Miene, eine ausgestopfte Henne, ein verstaubtes Löwenfell

HÖR MaL! / 3.-4. Schuljahr
Hörverstehen trainieren – Bestell-Nr. 11 338
Lernen mit Erfolg
KOHL VERLAG

5 Rätsel, Witze, Gedichte & Lieder

Seite 78: Gewitter - Arbeitsblatt A

Hinter dem Schlossberg kroch es herauf:
Wolken – Wolken!
Wie graue Mäuse,
ein ganzes Gewusel.

Zuhauf
jagten die Wolken gegen die Stadt.
Und wurden groß
und glichen Riesen
und Elefanten
und dicken, finsteren Ungeheuern,
wie sie noch niemand gesehen hat.

„Gleich geht es los!",
sagten im Kaufhaus Dronten
drei Tanten
und rannten heim, so schnell sie konnten.

Da fuhr ein Blitz
mit helllichtem Schein,
zickzack,
blitzschnell
in einen Alleebaum hinein.
Und ein Donner schmetterte hinterdrein,
als würden dreißig Drachen
auf Kommando lachen,
um die Welt zu erschrecken.
Alle Katzen in der Stadt
verkrochen sich
in die allerhintersten Stubenecken.

Doch jetzt ging ein Platzregen nieder!
Die Stadt war überall
nur noch ein einziger Wasserfall.
Wildbäche waren die Gassen.

Plötzlich war alles vorüber,
die Sonne kam wieder
und blickte vergnügt
auf die Dächer, die nassen.

Seite 81: Ich kenne einen Cowboy

Und so reitet der Cowboy ...	mit den Händen die Zügel halten, in die Knie gehen und im Takt wippen
Und so macht das Pferdchen ...	Galopp-Hüpfen
Und so macht der Strohhut ...	wiederholt mit dem Hut grüßen
Und so macht die Jacke ...	mit den angewinkelten Ellbogen wippen (Jacke geht auf und zu)
Und so macht der Stiefel ...	Bein schwingen
Und so macht das Lasso ...	Lasso schwingend mit dem Arm über dem Kopf kreisen
Und so macht der Whisky ...	im Takt Glas zum Mund führen und trinken
Und so schießt der Cowboy ...	Finger anwinkeln und im Takt „schießen"

HÖR MaL! / 3.-4. Schuljahr
Hörverstehen trainieren – Bestell-Nr. 11 338

KOHL VERLAG

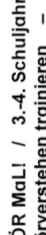